www.tredition.de

Jörg Banisch

Die erleuchteten Orangen

Geschichten und Sprichwörter zum Nachdenken aus aller Welt

© 2019 by Jörg Banisch
Umschlag, Illustration: Jörg Banisch
Verlag: tredition GmbH, Hamburg
ISBN
978-3-7497-7701-3 (Paperback)
978-3-7497-7702-0 (Hardcover)
978-3-7497-7703-7 (e-Book)

Printed in Germany

Für die drei Schwestern...

Inhaltsverzeichnis

„Jedes Mal, wenn du ein Buch fortgelegt hast und beginnst, den Faden eigener Gedanken zu spinnen, hat das Buch seinen beabsichtigten Zweck erreicht."
Janusz Korczak

Vorwort

Geschichten und Sprichwörter – seit Urzeiten werden durch sie Wissen, Weisheiten und Regeln weitergegeben.

Ob, wie bei mir, durch meine Oma und meine Mutter, oder wie in der antike durch den Philosophen im Atrium oder in der Wandelhalle.

Ob bei den Indianern, den Pfadfindern, Jägern oder Cowboys am Lagerfeuer.

„Nicht der Bote ist wichtig,
sondern die Botschaft!"
frei nach dem Film „Stigmata"

Seit Jahrtausenden gehören Geschichten zu unserem kulturellen Erbe – sind Teil unseres Lebens.

Schamane und Älteste sorgten – und sorgen auch heute noch - so dafür, dass uraltes Wissen und Brauchtum, Rituale und Kulturelles an die nachfolgenden Generationen weitergegeben wird.

Aber nicht nur bei Naturvölkern zählen Geschichten, Fabeln und Erzählungen schon seit langer Zeit zum kulturellen Erbe.

Die Gute-Nacht-Geschichte ist bei uns auch heute noch eine sehr schöne und wichtige Tradition.

Nicht nur, dass sie die lieben Kleinen sanft ins Land der Träume bringt, sie dient auch dazu unseren Kindern (und auch uns selbst) die Welt entdecken und erklären zu helfen.

Oft regen eine gute Erzählung, eine passende Geschichte oder ein treffendes Zitat mehr zum Umdenken an, als ein gut gemeinter Rat - was sie zu einem wunderbaren und wertvollen Begleiter durch unser Leben macht.

Fabeln und Geschichten haben nicht nur die Kraft, unsere Fantasie anzuregen, sie helfen uns auch, uns weiterzuentwickeln und zu wachsen – indem wir über das Gelesene nachsinnen.
Sie geben uns Denkanstöße – und eignen sich auch bestens, Menschen die uns wichtig sind, gezielt, aber auch dezent, Tipps, Hinweise und Lösungshinweise für Probleme mitzuteilen.
Und das ohne als „Oberlehrer" oder „Besserwisser" zu erscheinen...

Mir persönlich helfen Sprichwörter und Geschichten die Dinge aus verschiedenen Perspektiven zu betrachten, neue Sichtweisen und somit neue Möglichkeiten für mich zu entwickeln...

Sie haben die Kraft dich aus einem Tief zu holen, dich zu motivieren, wenn du „down" und lustlos bist, dich zu inspirieren, wenn dir die Ideen fehlen.
Sie können dir weiterhelfen, wenn du mit „deinem Latein am Ende bist".

Jede Weisheit und jede Erzählung, die dich berührt, hat die Kraft dich zu verändern, dich wachsen zu lassen, dir zu helfen, dir selbst zu helfen – kurz dich und dein Leben zu bereichern.

Zumindest haben sie bei mir diese Wirkung – ich nutze sie, um mich zu puschen, aufzubauen und zu motivieren.
Sie helfen mir mein Handeln und mein Denken zu reflektieren, zu hinterfragen und gegebenenfalls zu ändern.

Wenn du bereits das ein oder andere Buch von mir gelesen hast, weißt du, dass ich immer versuche in meinen Werken anhand von Erzählungen, Zitaten und Übungen meine Leserinnen und Leser dazu anzuregen, sich wieder mehr mit sich selbst und ihrem Leben auseinandersetzen.

Um ein Leben zu leben, das *ihnen* wirklich gefällt.

Dieses Buch ist auf Wunsch und Anregung einiger meiner Leser entstanden, die sich ebenfalls gerne anhand von Sprichwörtern und Geschichten zum Be-, Um- und Nachdenken inspirieren lassen.

Ich hoffe, ich kann auch dich ein wenig zum Perspektivwechsel inspirieren und wünsche dir viel Spaß beim Lesen und anschließendem „Nachgrübeln"…

Die erleuchteten Orangen

Eine erleuchtete Geschichte

*E*in Schüler war von seinem Meister in die Stadt geschickt worden, um dort die Orangen zu verkaufen, die sie am Vortag geerntet hatten.

Als der Schüler am Abend ins Kloster zurückkehrte, wunderte sich der Meister, dass der Korb mit den Orangen immer noch ganz voll war – der Schüler schien nicht eine einzige verkauft zu haben!

Von seinem Meister befragt, maulte der Schüler leicht verärgert: „Ich konnte nichts verkaufen, da mich die Leute in der Stadt schlecht behandelten. Sie beschimpften mich, und meinten boshaft, die Orangen wären viel zu teuer...!"

Der Meister nahm eine Frucht in die Hand und erwiderte: „Leider bist du nicht so klug und so weise wie diese Orange.
Was passiert, wenn ich diese Orange auspresse?"

Nun noch mehr verärgert zischte der Schüler mit zusammengekniffenen Lippen: „Natürlich Orangensaft – was sonst!"

„Richtig", entgegnete der Meister ruhig, „wenn ich nun aber mit dem Hammer draufschlage, was wird dann dabei herauskommen?"

„Natürlich auch wieder Orangensaft", knurrte der Schüler.

„Und wenn dein Maulesel auf die Frucht tritt, was wird dann herauskommen" hakte der Meister weiter nach.

„Natürlich wieder Orangensaft – es wird immer Orangensaft herauskommen" erwiderte der Schüler nun schon fast zornig.

„Ganz genau" erklärte der Meister in ruhigem Ton.

„Die Orange wird immer mit dem Antworten, was in ihr ist – egal was ihr zugefügt oder wie sie behandelt wird.
Sie lehrt uns, dass es in unserer Macht liegt, wie wir auf eine Situation reagieren. Du aber hast anderen die Schuld und damit die Macht über dich gegeben...!" [1]

Wir neigen in schwierigen Situationen oder wenn Dinge für uns nicht so laufen, wie wir uns das erhofft und gewünscht haben, dazu, anderen die Schuld für unsere momentane Lage und unsere negativen Resultate zu geben.
Unseren Eltern, die uns nicht auf´s Leben vorbereitet haben, unserem Lebenspartner, der uns nicht genug unterstützt, dem Chef, der zu viel fordert.

Oder wir suchen nach Umständen, die es uns unmöglich machen, anders zu handeln. Die wirtschaftliche Lage ist zu schlecht, unsere Gesundheit spielt nicht so richtig mit, unsere derzeitige Lebenssituation ist momentan nicht so rosig, der Bus hatte Verspätung, der Verkehr war wieder mörderisch...

Die Liste ließe sich noch um etliche Punkte ergänzen – *vielleicht wieder mal eine Gelegenheit für dich zur Selbstreflexion...?*

Was uns diese kleine Zen-Geschichte vermittelt, ist die Wahrheit, dass schlussendlich nur wir selbst für uns und unser Verhalten verantwortlich sind.
Und deshalb können auch nur *wir selbst* an einer uns betreffenden Situation etwas ändern.

Wenn *wir* die volle Verantwortung für unser eigenes Leben, Tun und Handeln übernehmen heißt das natürlich nicht, dass ab jetzt alles nur noch glatt läuft – nee, nee...
So einfach ist es denn dann auch nicht.

Aber keine Angst, auch wenn es mal nach hinten los-
geht…
Denn Fehler sind nichts Schlechtes oder schlimmes –
ganz im Gegenteil – sie sind Chancen!

Die Chance es beim nächsten Mal besser zu machen,
die Chance zu wachsen, die Chance zu lernen und sich
weiterzuentwickeln.
Sie machen uns stark, wenn wir sie richtig zu nutzen
wissen…

Frei nach Rocky Balboa:

> *„… Wenn du weißt, was du Wert bist,*
> *dann geh raus und hol es dir!*
> *Aber nur wenn du bereit bist,*
> *die Rückschläge einzustecken.*
> *Und zeige nicht mit dem Finger auf andere*
> *und sage: Du bist nicht da, wo du hinge-*
> *hörst wegen ihm oder ihr, oder sonst je-*
> *manden…"*

Auch die folgende kleine Geschichte zeigt uns, dass es
in unserer Macht steht wie beziehungsweise ob wir
überhaupt darauf reagieren, wie andere Menschen uns
behandeln oder was uns passiert.

Wir können unser Leben und das unserer Mitmenschen
glücklicher und zufriedener machen, indem wir uns

wieder darauf besinnen, dass wir mehr sind als unsere vermeintliche Lebensgeschichte.

Wir sind keine Maschinen, die nur nach einem Programm laufen, keine „toten" Gegenstände ohne eigenen Willen und ohne eigene Meinung.

Wir können reflektieren, wie wir behandelt werden und uns dann überlegen, wie wir darauf reagieren wollen.

Und eines sollten wir niemals vergessen – egal wie unsere Umwelt und unsere Mitmenschen uns behandeln, unseren Wert als Mensch können sie uns nicht nehmen.

Wie folgende Geschichte aus dem Coaching-Business zeigt…

Der 20 Euro Schein
Eine moderne Geschichte

Am Ende seine Vorträge hielt ein Redner immer einen 20 Euro Schein in die Höhe.
Zum Publikum gewannt fragte er dann stets: „Wer möchte diesen 20 Euro Schein haben?"

Egal wie viele Menschen in seinen Seminaren waren – jedes Mal waren nach kurzer Zeit die meisten Hände oben – niemand wollte sich das Geld entgehen lassen.

„Okay – ich werde einem im Publikum diesen 20 Euro Schein geben. Doch bevor ich das tue, werde ich folgendes machen."

Mit diesen Worten zerknüllte er den Schein in seinen Händen, bis es nur noch wie ein Knäuel Papier aussah.
„Wer möchte den Schein immer noch haben?"
Wieder gingen die meisten Hände nach oben.
„Okay – sehr gut! Mal sehen was passiert, wenn ich Folgendes tue…"

Er warf den Schein zu Boden und trampelte mit seinen Füßen darauf herum. Wieder hob er den Schein, welcher jetzt arg mitgenommen aussah, in die Höhe.

Der Schein war verdreckt, zerknittert und an manchmal stellen schon leicht eingerissen.

„Wer will ihn immer noch haben?"
Wieder gingen die Hände nach oben.
Mit einem Lächeln übergab er nun, wie versprochen, den Schein einem Zuhörer im Publikum.

„Diejenigen, die den Schein nicht bekommen haben, brauchen nicht traurig sein – ganz im Gegenteil!" entgegnete er den restlichen Seminarteilnehmern. „Denn sie haben gerade etwas gelernt, dass man mit Geld nicht kaufen kann!

Es ist völlig egal, was ich mit diesem Geldschein anstelle, sie wollen ihn trotzdem haben, weil er nichts von seinem Wert verliert. Egal was ich mit ihm tue oder besser ihm antue.

Daran sollten wir in unserem Alltag denken. Denn auch wir werden aufgrund von Entscheidungen, Umständen und verschiedener Gegebenheiten fallen gelassen, zerdrückt und durch den Dreck gezogen.
Oft fühlen wir uns dann auch so – dreckig und wertlos.

Und ich möchte, dass sie dann an dieses kleine Experiment denken.

Egal was uns passiert ist, was uns angetan wird oder was uns noch geschehen mag. Wir werden immer unseren Wert behalten – wir bleiben weiterhin einzigartig und kostbar!" [2]

Einzigartig und kostbar

Trotz meiner kleinen Abwandlung der Geschichte bleibt die Botschaft doch die Selbe: Wir dürfen unseren Wert nicht dadurch definieren, wie wir behandelt werden!

Sonst begeben wir uns in eine Opferrolle hinein und meinen, wir sind nicht mehr „Herr" über unser eigenes Leben.

Wir geben anderen Menschen nicht nur die Schuld an unserer Lebenssituation, unseren Gefühlen, unseren Gedanken – wir nehmen uns dadurch auch, vielleicht unbewusst, die Möglichkeit etwas daran ändern zu können.

Weil wir uns mit so einer Haltung einreden, dass wir nichts wert sind, zu unserem Leben nichts beitragen können und immer auf das Wohlwollen anderer angewiesen sind – aber dem ist nicht so!

Wir alle sind einzigartig, kostbar und wertvoll – jeder auf seine Art und Weise.

Die anschließende Erzählung aus dem alten China zeigt uns das sehr anschaulich...

Sprung in der Schüssel

Aus China

Eine alte Frau trug eine Stange über ihren Schultern, an deren Enden zwei große Schüsseln hingen.
Eine der Schüsseln hatte einen Sprung. Die andere war makellos und fasste stets eine volle Portion Wasser.

Am Ende der Wanderung vom Fluss zum Haus der alten Frau, war die Schüssel mit dem Sprung nur noch halb gefüllt.

Zwei Jahre lang ging die Frau täglich mit ihren beiden Schüsseln zum Fluss, um Wasser zu schöpfen. Und jeden Tag brachte sie eine und eine halbe Schüssel Wasser mit nach Hause.

Die makellose Schüssel war natürlich stolz auf ihre Leistung.
Die Schüssel mit dem Sprung aber schämte sich wegen ihres Makels und war betrübt, dass sie nur die Hälfte dessen verrichten konnte, wofür sie gemacht worden war.

Nach zwei Jahren, die ihr wie ein endloses Versagen vorkamen, sprach die Schüssel zu der alten Frau: „Ich schäme mich so, wegen meines Sprungs, durch ihn verliere ganzen Weg bis zu deinem Haus die Hälfte meines Wassers."

Die alte Frau aber lächelte und sprach weise: „Das Wasser im Haus genügt mir. Ist dir aufgefallen, dass auf deiner Seite des Weges Blumen blühen, auf der anderen Seite aber nicht? - Ich habe auf deiner Seite des Pfades Blumen ausgesät, weil ich mir deines „Fehlers" bewusst war.

Nun wässerst du sie jeden Tag, wenn wir nach Hause laufen. In diesen zwei Jahren konnte ich wunderschöne Blumen pflücken und den Tisch damit schmücken. Wenn du nicht genauso wärst, wie du bist, würde diese Schönheit nicht existieren und könnte nicht mein Haus beehren." [3]

Diese schöne Erzählung aus dem Reich der Mitte zeigt uns nicht nur, dass man auch mit sogenannten „Fehlern" zum Wohl und zum Gelingen beitragen kann.

Ganz im Gegenteil - manchmal ermöglichen solche „Fehler" erst Dinge, die ohne sie gar nicht zustande gekommen wären...

Deshalb sollten wir uns immer fragen, bevor wir jemand wegen seiner putativen Unvollkommenheit oder wegen einer vermeintlichen Mangelhaftigkeit kritisieren, ob es sich überhaupt um eine solche handelt...

Es ist also manchmal gar nicht so verkehrt, einen Sprung in der Schüssel zu haben...

Er macht uns nicht nur liebenswert, er kann uns auch lehren, unsere vermeintlichen Defizite als Stärken zu erkennen, vielleicht sogar als einmalige Stärken...

Und auf gar keinen Fall und unter keinen Umständen sollten wir jemals den Glauben an uns selbst und unsere eigenen Fähigkeiten, unsere Stärken verlieren...

Die Frösche in der Milch

Fabel nach Aesop

In einem Tümpel lebten einst zwei Frösche. Sie waren mit sich und der Welt zufrieden und genossen ihr Dasein im herrlichen Nass – ganz besonders an sonnigen Tagen fühlten sie sich in ihrem Tümpel pudelwohl.

Doch eines Tages, nach einer längeren Trockenperiode ohne Regen, war das Wasser im Tümpel soweit verdunstet, dass sie ihren geliebten Teich verlassen mussten...

Also machten sich die beiden Frösche schweren Herzens auf, um sich ein neues zu Hause zu suchen. Doch wie weit sie auch liefen und sprangen – es kam und kam kein neuer Tümpel in Sicht.

Die Sonne brannte heiß und sie wollten schon aufgeben, als sie, bereits halb verdurstet, einen Krug voll frischer fetter Milch in der Scheune eines Bauernhofs entdeckten.

Dankbar und Glücklich hüpften sie sofort hinein und tranken und schlürften die köstliche Milch, bis sie nicht mehr durstig waren.

Als sie wieder heraus wollten, bemerkten sie jedoch, dass sich der Rand des Kruges durch ihr gieriges Trinken zu weit entfernt hatte, um einfach so hinausspringen zu können.

*Bei jedem Versuch rutschen sie an der glatten
Wand des Kruges immer wieder ab.*

*Sie probierten es wieder und wieder, Stunde um
Stunde, ja fast den gesamten Tag lang, aber alle
Mühen schienen vergeblich.*

*Schließlich waren sie so erschöpft, dass sie ihre
Beine kaum noch bewegen konnten.*

*Da meinte der eine Frosch: "Was hilft es, wenn wir
uns plagen. Es ist aus!" Damit hörte er auf zu
strampeln, ließ sich zu Boden sinken und ertrank.*

*Der zweite Frosch gab jedoch die Hoffnung nicht
auf. Er schwamm und strampelte die ganze Nacht
weiter.*
*Als es endlich Morgen wurde und die Sonne in die
Kammer schien, saß der Frosch auf einem dicken
Butterklumpen.*

*Er nahm all seine Kraft zusammen, sprang aus
dem Krug und war gerettet...* [4]

Wer aufgibt hat schon verloren

Diese Fabel von Äsop wird oft so interpretiert, dass wer nicht aufgibt, auch wenn alles hoffnungslos zu sein scheint, dafür belohnt wird.

Aber ich glaube nicht, dass Äsop wirklich gemeint hat, dass man nur lange genug durchhalten muss und dann wird *grundsätzlich* dafür belohnt und alles wieder gut.

Dass das nicht stimmt, hast du vielleicht auch bereits erfahren dürfen.

Ich lese und verstehe die Geschichte eher so, dass nur jemand der immer gleich aufgibt, sobald er sich in oder mit einer schwierigen Situation konfrontiert sieht, *bereits verloren hat.*

Wer aber auf sich selbst vertraut, seine Möglichkeiten nutzt und eben nicht sofort kapituliert, sich selbst nicht aufgibt, der hat zumindest eine große *CHANCE*, sich aus der misslichen Lage zu befreien!

Die schlechte Nachricht: Nichts währt ewig.
Die gute Nachricht: Nichts währt ewig.
Chinesisches Sprichwort [5]

Denn oft ist es nicht die Situation selbst, sondern unsere Reaktion darauf, was die entscheidende Wende bringt!

Ich wünsche dir den Mut, die Beharrlichkeit und die Ausdauer des zweiten Frosches und seinen unbedingten Willen...

Also nicht gleich aufgeben, denn wir sind oft stärker und mutiger, als wir selbst meinen!

Und schließlich geht alles – auch die schlimmste Zeit – irgendwann vorbei...

Auch dies geht vorbei

Ursprünglich eine Sufi-Geschichte

Der neue Häftling im Gefängnis war voller Angst und sehr deprimiert.

Die steinernen Wände seiner Zelle saugten jegliche Wärme auf.
Die harten Eisengitter höhnten dem Mitgefühl, der Klang aufeinander prallenden Stahls ließ erahnen, hinter wie vielen Toren die Hoffnung weggeschlossen wurde.
Das Herz des Gefangenen war schwer, denn er hatte viele Jahre abzusitzen.

Am Kopfende seines Lagers entdeckte er folgende Worte in die Wand geritzt:

AUCH DIES GEHT VORBEI.

Dieser Satz half ihm durch diese schwierige Zeit und gab ihm die Kraft, auch die schlimmsten Momente zu überstehen, genau, wie er wahrscheinlich auch dem Häftling vor ihm Mut gegeben hatte. Ganz gleich, wie schlimm es wurde. Er sah dann auf die Inschrift und dachte daran:

AUCH DIES GEHT VORBEI.

Am Tag seiner Entlassung erkannte er die tiefe Wahrheit hinter diesen Worten. Er hatte seine

Strafe abgesessen. Auch die Zeit im Gefängnis war tatsächlich vorbeigegangen.

Als er wieder ins normale Leben zurückkehrte, dachte er oft an diese Botschaft.
Er schrieb sie auf Fetzen Papier, die er an seinem Bett, in seinem Auto und auf der Arbeit deponierte.

Sogar in ganz schlechten Zeiten half ihm dieser einfache Satz, weiter zu machen.

Er entsann sich in scheinbar aussichtslosen Lagen immer der Worte:

AUCH DIES GEHT VORBEI.

und kämpfte sich durch.
Die schlechten Zeiten schienen nie sehr lang zu dauern.

Wenn gute Zeiten anbrachen, genoss er sie, aber nie allzu sorglos.
Er entsann sich der Worte:

AUCH DIES GEHT VORBEI.

und arbeitete hart an seinem Leben, ohne auch nur das Geringste als selbstverständlich hinzunehmen.
Die guten Zeiten schienen immer ungewöhnlich lange anzudauern.

Am Ende seines Lebens flüsterte er seinen Liebsten zu:

AUCH DIES GEHT VORBEI.

und er fand einen ruhigen Tod.

Seine Worte waren der letzte Liebesdienst für Familie und Freunde.

Sie hatten von ihm gelernt: »Auch die Trauer geht vorbei«. [6]

Alles ist vergänglich

Wie die vorige Geschichte sehr schön verdeutlicht, ist alles im Leben vergänglich – das bezieht sich nicht nur auf „gute" und „schlechte" Zeiten, sondern gilt ganz generell für das gesamte Leben.

Wenn man diese Tatsache erst einmal ganz für sich verinnerlicht hat, kann man vielen Dingen und Ereignissen im Leben mit größerer Gelassenheit entgegentreten.

Wir geben unseren inneren Widerstand gegen das „So-Sein" des jetzigen Moments, der jetzigen Situation auf. Wir können vielen Widrigkeiten im Leben mit mehr Ruhe und Besonnenheit entgegentreten.

Denn eins ist sicher - sie werden mit Sicherheit nicht ewig andauern – da alles Weltliche von seiner Natur her vergänglich ist.

„Widerstandslosigkeit ist der Schlüssel zur bedeutendsten Kraft im Universum."
Eckart Tolle

Ein schönes Beispiel der Widerstandslosigkeit dem jetzigen Moment gegenüber zeigt die folgende Geschichte aus dem alten Japan...

Ist das so?

Eine Geschichte aus dem alten Japan

In einer Stadt in Japan lebte einst ein Zen-Meister Namens Hakuin.
Er war hoch geachtet, und die Menschen strömten zu ihm, um sich spirituell belehren zu lassen.

Nun geschah es, dass die junge Tochter seines Nachbarn schwanger wurde.
Als ihre verärgerten Eltern sie ausschimpften und sie dazu drangen, zu erzählen, wer der Vater des Kindes sei, antwortete sie ihnen schließlich, es sei Hakuin, der Zen-Meister.

Da liefen die Eltern voller Entrüstung zu Hakuin, machten ihm Vorwürfe und erzählten ihm empört, dass ihre Tochter ihnen gestanden hätte, er sei der Vater des Kindes.

Alles, was er darauf entgegnete, war: „Ist das so?"

Der Skandal verbreitete sich wie ein Lauffeuer in der Stadt und über die Stadtgrenzen hinaus.

Der Meister verlor seinen guten Ruf. Ihn aber störte das nicht - er blieb ruhig und gelassen.

Niemand suchte ihn mehr auf. Auch das berührte ihn nicht - er blieb ruhig und gelassen.

Als das Kind geboren war, brachten es die Eltern zu ihm.
„Ihr seid der Vater, also kümmert Euch auch darum."

Der Meister nahm sich liebevoll des Kindes an.

Ein Jahr später gestand die Kindesmutter ihren Eltern reuevoll, dass der wirkliche Vater des Kindes der junge Mann aus dem Fleischerladen sei.

Vollkommen zerknirscht gingen die Eltern erneut zu Hakuin, um sich zu entschuldigen und seine Vergebung zu erbitten.
„Es tut uns aufrichtig leid. Wir sind gekommen, um das Kind abzuholen. Unsere Tochter hat uns gestanden, dass Ihr gar nicht der Vater seid."

„Ist das so?", soll Hakuin voller Ruhe und Gelassenheit erwidert und ihnen den Säugling zurückgegeben haben.[7]

Die Kunst der Gleichgültigkeit

Hakuin reagiert auf Lüge und Wahrheit, schlechte und gute Nachrichten genau gleich: „Ist das so?"

Er lässt den Augenblick in der Form zu, die er gerade annimmt, ob gut oder schlecht. Lüge oder Wahrheit. Er leistet ihm keinen Widerstand – egal wie der Moment sich präsentiert.

Für ihn ist alles „Gleich-gültig"...

Nicht aber etwa in der Form von „ist mir doch egal...", sondern in der Weise, dass alle Ereignisse die gleiche Gültigkeit besitzen – nichts ist besser oder schlechter als das andere.

Das zeigt uns sehr deutlich die Wichtigkeit der Widerstandslosigkeit und die Akzeptanz des „So-seins" des gegenwärtigen Moments, des JETZT.
Egal wie und welcher Form er sich präsentiert – das gleiche hilft übrigens auch im Umgang mit unseren Mitmenschen .

„Nehmen sie die Menschen, wie sie sind - andere gibt es nicht" Konrad Adenauer [8]

Der Zen-Meister lässt sich von den Interpretationen der Menschen (Eltern) nicht beirren oder beeinflussen.

Er bleibt trotz aller Anschuldigungen und Anfeindungen nicht nur ruhig und besonnen, sondern verzichtet sogar darauf, sich zur Wehr zu setzen.

Ohne Gegenwehr auf vermeintliche Anschuldigungen oder Beleidigungen kann aber so etwas wie ein klassischer Streit gar nicht erst entstehen, da die Anfeindungen nicht auf Widerstand stoßen.

Das bedeutet aber nicht, dass, wenn wir uns in der Kunst der Widerstandslosigkeit und der Gleichgültigkeit üben, wir den „Einfluss" auf unser Leben verlieren.

Das totale Gegenteil der Fall!

Wir bekommen die Gelegenheit zu entscheiden, wie wir auf bestimmte Situationen oder Mitmenschen reagieren wollen.
Wir sind nicht mehr nur unseren Instinkten, Glaubenssätzen und anderen „Manipulationen" hilflos ausgeliefert...!

Bei vielen Menschen wecken Aussagen wie *„...alles was jetzt gerade ist oder passiert ist in Ordnung, so wies es ist..."* heftigsten Widerstand.

Warum?

In den allermeisten Fällen deswegen, weil die wenigsten mit ihrem *jetzigen* Leben, ihrer *jetzigen* Lebenssituation, mit *sich selbst* zufrieden und glücklich sind.

Sie wollen ihr Leben glücklicher, erfüllter, fröhlicher, reicher... haben, als es sich im jetzigen Moment präsentiert.

Sie hegen insgeheim und unbewusst einen starken Widerstand gegen das Jetzt und suchen - aus ihrer Sicht verständlich und richtig - ein besseres, erfüllenderes und glücklicheres Leben in der Zukunft.

Denn der jetzige Moment enthält ihrer Meinung nach all diese Dinge nicht.

Allerdings ist der jetzige Augenblick das Einzige, was wir haben und je haben werden.

Der jetzige Moment ist der einzige Moment, in dem unser Leben überhaupt stattfindet.

Es findet nicht erst nach Feierabend, am Wochenende oder nach der Rente statt. Nicht in der Vergangenheit und nicht in der Zukunft.

NEIN – alles was passiert und geschieht, geschieht immer im JETZT.

„Der Verlust des Jetzt ist der Verlust des Seins." Eckart Tolle

Und was passiert nun, wenn wir gegen dieses JETZT Widerstand aufbauen?

Es ablehnen oder sogar bekämpfen, weil es uns gerade nicht gefällt?

Wenn wir nicht aus diesem Widerstand heraustreten, werden wir unser ganzes Leben in immerwährenden Kampf gegen und in Ablehnung des JETZT verbringen.

Das bedeutet wir werden nie richtig zufrieden und glücklich sein mit dem Leben, dass wir führen – weil wir gar kein „wirkliches" Leben führen.

Denn wir sind ständig mit unseren Gedanken in der Vergangenheit, in der Zukunft oder bei anderen Personen – aber nie ganz bei dem was uns umgibt, nie in der Zeit, in der unser Leben überhaupt nur stattfindet – im JETZT.

„Was auch immer der jetzige Moment enthält, akzeptiere es als hättest du es selber so gewollt. Arbeite damit - nicht dagegen." [9]
Eckart Tolle

Nun fragst du dich vielleicht, wie kann man aus diesem Denken, dieser Sichtweise heraus kommen?

Ich kann doch nicht einfach auf einmal das mögen und gut finden, was ich vorhin noch abgelehnt habe.

Du hast Recht – das können wir nicht.

Brauchen wir aber auch gar nicht – wir müssen nur unseren Widerstand dagegen aufgeben und das JETZT so akzeptieren wie es ist, so wie es sich uns präsentiert.

Egal, ob es uns gefällt oder nicht ...

Denn durch unseren Widerstand werden wir die negativen Umstände nicht vertreiben oder verjagen können – das Gegenteil ist eher der Fall!
Wenn wir das was jetzt gerade ist immer nur ändern oder anders haben wollen, steigert das unseren Frust immer und immer mehr, weil wir einen aussichtslosen Kampf kämpfen.

Denn wir können doch das, was bereits ist, nicht mehr ändern – es _ist_ ja schon geschehen...

Wie wollen wir etwas ändern, was eigentlich schon wieder Vergangenheit ist...?

Wir müssen lernen, aus dem was uns gegeben ist beziehungsweise was uns gerade widerfährt, das Beste zu machen.
Denn was uns widerfährt können wir nicht ändern, aber wir können ändern und entscheiden, wie wir darauf reagieren.

Allerdings kann sich unser Leben erst (zum Besseren) ändern, wenn wir es „freilassen" - es fließen lassen.

Wenn wir unseren Widerstand gegen den jetzigen Moment loslassen, ergeben sich plötzlich neue Möglichkeiten und Fügungen.
Wir sehen Lösungen, wo vorher nur Probleme waren, Licht, wo vorher nur Dunkelheit war.

Veränderungen können in unser Leben treten und neue Möglichkeiten eröffnen sich!

Ich kann das aus eigener Erfahrung bestätigen! Wie du bereits weißt, wenn du eins meiner früheren Bücher schon gelesen hast.

Und deshalb übe mich immer und immer wieder in der Kunst der Widerstandslosigkeit, denn...

Ohne Widerstand zu sein, bedeutet wirklich frei zu sein!

Die nachfolgende Kurzgeschichte aus Indien zeigt sehr schön dass, wenn man den Moment in seiner jetzigen Form akzeptiert, man jeder Situation auch eine positive Seite abgewinnen kann...

Der Mann, der Tiger und die Traube
Eine Geschichte aus Indien

Ein Mann war auf Wanderschaft gegangen, um sich selbst zu finden.

Als er durch einen Wald kam, hörte er plötzlich ein lautes Knacken und ein wilder Tiger brach hinter ihm aus dem Gebüsch.

Der Mann erschrak fast zu Tode und floh. Der Tiger blieb ihm dicht auf den Fersen.

Als der Mann an einen Abgrund kam, sah er die Wurzel eines wilden Weinstocks herausragen. In seiner Panik griff er danach und schwang sich in letzter Minute über den Abgrund.

Der Tiger blieb fauchend über ihm stehen und versuchte an ihn heranzukommen, aber vergebens.

Der Mann pustete erleichtert auf und schaute unter sich, um eventuell einen Fluchtweg zu entdecken. Aber das einzige, was er sah, war ein zweiter Tiger der unter ihm auf einem Vorsprung lauerte und schon die Zähne fletschte...

Und als ob das nicht schon genug wäre, begann sich die Wurzel auch noch aus der Erde zu lösen... es sah nicht gut für ihn aus.

In dieser ausweglosen Lage sah er direkt vor sich eine Weintraube, an einer herunterhängenden Rebe...

Mit der einen Hand hielt er sich weiter an der Wurzel fest und mit der zweiten pflückte er die Weintraube.

Er steckte sie sich in den Mund – wie süß sie doch schmeckte...![10]

Der jetzige Moment

So können uns gerade vermeintlich schlimme Ereignisse in unserem Leben immer wieder das Wichtigste lehren…

Den jetzigen Moment bewusst zu erleben und zu genießen.

Verbringen wir also nicht unsere Zeit mit ständigem Nachsinnen über die Vergangenheit oder dem erstellen sorgenvoller Prognosen für die Zukunft, von denen die meisten eh nicht eintreffen.

Verbringen wir die Zeit lieber mit dem bewussten Leben im Hier und Jetzt.

Denn nur im jetzigen Moment – im JETZT – findet unser Leben statt…

Und machen wir uns das Leben nicht selbst unnötig schwerer, als es ist.

Wie der arme Mann in unserer nächsten Geschichte…

Der Holzfäller

Eine skandinavische Geschichte

*E*ines Tages machte ein Mann, einen Spaziergang durch den Wald.

Nach einer Weile sieht er einen Holzfäller, der hastig und sehr angestrengt dabei ist, einen auf dem Boden liegenden Baumstamm zu zerteilen.

Der Holzfäller stöhnt und schwitzt und scheint viel Mühe mit seiner Arbeit zu haben.

Der Spaziergänger geht etwas näher heran, um zu sehen, warum die Arbeit für den anderen so schwer ist.

Schnell erkennt er den Grund und sagt zu dem Holzfäller: „Guten Tag. Ich sehe, dass Sie sich Ihre Arbeit unnötig schwer machen. Ihre Säge ist ja ganz stumpf – machen Sie doch mal eine Pause und schärfen Sie sie. Dann geht das Sägen sicherlich viel einfacher von der Hand..."

Der Holzfäller schaut nicht einmal hoch, sondern zischt durch die Zähne „Dazu habe ich keine Zeit, ich muss doch die Bäume sägen!" [11]

Hausgemacht?

Oft haben wir in unserem Alltag so einen großen Haufen an unerledigten Aufgaben vor uns, dass wir einfach emsig drauflos arbeiten.
Und vor lauter Geschäftigkeit verlieren wir oft den Blick dafür, das die eine oder andere Arbeit mit etwas mehr Überblick und einer anderen Taktig vielleicht viel einfacher zu bewältigen wäre.

Diese Erzählung zeigt sehr schön, dass es nicht zwangsläufig immer an anderen liegt, wenn wir meinen, dass uns unsere Arbeit zu viel wird oder zu schwer ist.

Oft sind die „Probleme" auch „hausgemacht".

Andere Umstände, Menschen oder Orte beeinflussen uns oft sehr viel weniger, als wir denken oder uns vielleicht sogar erhoffen.

Denn schlussendlich sind wir es selbst, die unsere Umwelt zu dem machen, was uns tagtäglich in ihr begegnet und widerfährt.

Also gönne dir ab und zu eine Verschnaufpause und schärfe deine Säge.

Bekanntermaßen wird sich, solange wir uns nicht ändern, auch unsere Umwelt nicht ändern.

Egal wohin wir auch gehen, wir nehmen uns mit …

Wohin du auch gehst...

Vielleicht kennst du das aus deinem eigenen Leben.
Manchmal gehen uns die Menschen in unserer näheren Umgebung auf den Wecker.
Sie nerven uns so, dass wir schon mit dem Gedanken spielen, einfach weg zu ziehen.
Wir fragen uns, ob es in einem anderen Stadtteil oder einer anderen Stadt, vielleicht sogar in einem ganz anderen Land nicht besser wäre und wir dann, so unser „logisches" Denken, auch glücklicher sein müssten.

Diese Denkweise wird uns ja auch schon durch das Fernsehprogramm, mittels Formate wie „Good Bye Deutschland" und andere immer wieder eingeredet und suggeriert.

Doch eines sollte man bei solchen Überlegungen nicht vergessen und im Auge behalten:

Wohin wir auch gehen, wir nehmen uns mit!

In der nachfolgenden Geschichte wird der Sinn dieses Satzes sehr schön klar und deutlich...

...Du nimmst dich mit

Eine Geschichte aus nirgendwo und überall

*E*in unglücklicher Mensch, der in allem immer nur das negative und schlechte sah, hatte seine alte Heimat verlassen, um an einem anderen Ort sein Glück zu finden.

Er kam in eine neue Stadt und fragte den örtlichen Weisen: „Wie sind die Menschen hier in dieser Stadt?"

Der Weise antwortete mit einer Gegenfrage: „Wie sind die Menschen in der Stadt, aus der Du kommst?"

„Das sind lauter böse, missgünstige, heuchlerische Miesepeter und Pessimisten", sagte der Wanderer.

Und der Meister riet ihm: „Genauso sind die Menschen in dieser Stadt. Ziehe lieber weiter mein Freund."

Ein paar Tage nach diesem Vorfall kam ein anderer Mann auf der Suche nach einem neuen Zuhause in die Stadt.

Dieser Mensch war ein freundlicher und hilfsbereiter Geselle und versuchte stets das Gute in allen Dingen und seinen Mitmenschen zu sehen.

Auch er fragte, wie die Menschen in der Stadt hier seien.

Wieder fragte der Meister: „Wie sind die Menschen in der Stadt, aus der Du kommst?"

Und der Wanderer sagte: „Ich ziehe eigentlich ungern um, weil die Menschen in meiner Stadt alle so liebevoll, hilfsbereit und warmherzig sind."

„Mein lieber Freund", antwortete der Meister, „bleib ruhig hier bei uns, wir sind ganz genauso!"[12]

Du kannst nicht vor dir selbst weglaufen

Du siehst, es kommt mehr darauf an, wie wir sind und uns geben, als darauf wie unsere Umwelt sich gibt.

Deshalb möchte ich dich gerne einladen, dir selbst einmal folgende Fragen zu stellen:

- Was würde geschehen, wenn wir weniger an den Umständen arbeiten würden, sondern mehr an uns selbst?

Was wäre, wenn...

- wir wieder lernen würden, zu akzeptieren was gerade ist und zu genießen wo wir gerade sind, anstatt darüber nachzudenken, dass wir lieber woanders wären

- wir einfach Dankbar sind für das was wir bereits haben, was schon da ist, was uns umgibt

- Was wäre, wenn wir den Frieden in uns suchen würden und nicht in den materiellen Dingen, Menschen und Umständen um uns herum

- wir anfangen, die Menschen und die schönen Dinge in unserem Leben und um uns herum, wieder intensiver, lustvoller und freudiger wahrzunehmen, eben als das zu erkennen, was sie in Wirklichkeit sind –

ein wunderbares Geschenk, welches man nicht als selbstverständlich ansehen sollte.

Wären wir dann vielleicht schon glücklicher und zufriedener, wenn wir uns klarmachen würden, dass nicht immer nur die äußeren Faktoren wichtig sind – sondern ganz besonders unsere innere Einstellung dazu?

Ich kann aus meiner eigenen Erfahrung die letzte Frage nur mit einem ganz eindeutigen „JA" beantworten!

Also denke das nächste Mal daran, bevor du einem anderen Menschen oder widrigen Umständen die Schuld für Etwas gibst.

Oder wenn du am liebsten alles hinschmeißen und abhauen würdest:

Wohin Du auch gehst, Du nimmst Dich mit…

Genau wie die vorige Geschichte, zeigt uns auch die nachfolgende, dass es meistens an uns selbst und unserem Verhalten liegt, wie uns unsere Umwelt begegnet.

Sie ist meist ein Spiegel unseres eigenen Verhaltens…

Der Saal der Tausend Spiegel

Eine Geschichte aus Indien

*E*in streunender Hund kam eines sonnigen Tages
an einem Tempel vorbei.

*Er war sehr müde, weil er schon den ganzen Tag
gelaufen war und wollte sich in dem verlassenen
Tempel ein wenig ausruhen.*

*Als er eintrat sah er, dass der Tempel voll mit
Spiegeln war.*
Hunderte und aber hunderte von Spiegeln.

*Und aus jedem Spiegel schaute ihm ein Hund ent-
gegen.*
*Aus Angst vor den vielen Hunden fängt er fürchter-
lich an zu knurren und zu bellen.*
*Aus den Spiegeln knurren und bellen hunderte und
aberhunderte Hunde zurück, woraufhin der Hund
mit eingekniffenem Schwanz den Tempel verlässt
und um sein Leben läuft, in dem Glauben, dass alle
Hunde auf der Welt böse sind.*

*Nicht viel später kommt ein anderer Hund an dem
alten, verlassenen Tempel vorbei und geht neugierig hinein.*

*Auch er sieht sich tausenden von Hunden gegen-
über.*

Vor lauter Freude, nun nicht mehr allein zu sein, wedelt er mit dem Schwanz – tausend freundliche Hunde wedeln zurück und freuen sich mit ihm.

Als der Hund den alten Tempel wieder verlässt, ist er überzeugt, dass es nur freundliche und nette Hunde auf der Welt gibt. [13]

Unser Spiegelbild

Diese alte Geschichte aus Indien macht uns deutlich, dass die Welt, wie sie sich uns zeigt, wie unsere Umwelt auf uns reagiert und unsere Mitmenschen (oder Hunde) uns behandeln, nur ein Spiegelbild unseres eigenen Verhaltens ist...

Wir können unser Leben und unser Miteinander aktiv also selbst gestalten.
Wenn uns etwas an unserer Umwelt, unseren Mitmenschen oder ganz generell nicht gefällt, können wir es ändern.
Das „Problem" ist nur, dass wir dafür ebenfalls etwas tun „müssen".
Denn jede Veränderung beginnt bei uns selbst...

Aber ich denke das Ergebnis wird sich lohnen, denn je freundlicher und liebevoller ich auf meine Umwelt zugehe, desto liebevoller und freundlicher wird sie zurückgespiegelt...!

Wir können also entscheiden was für ein Leben wir führen, leben und vor allem er-leben wollen.

Wie die alte Schöpfungsgeschichte zum Nachdenken aus dem Indischen uns zeigt...

Die Muschel und der Adler

Indische Schöpfungsgeschichte

Das Universum, die Sonne und die Erde waren erschaffen, jetzt wollte Gott damit beginnen, das Leben auf die Welt zu bringen.
Im Meer erschuf er zuerst die Muschel.
Die Muschel begann ihr Leben und filterte das Plankton aus dem Wasser. Sie führte ein recht einfaches und von außen betrachtet, recht eintöniges Dasein.
Außer immer wieder ihre Klappe zu öffnen, das einfließende Meerwasser hindurchfließen zu lassen und zu filtern und danach ihr Klappe wieder zu schließen tat sie den ganzen nichts anderes.
Und das jeden Tag aufs Neue - Klappe auf, Klappe zu, Klappe auf, Klappe zu, Klappe auf, Klappe zu ...
Sie musste nicht viel denken, sie musste nichts neues Lernen oder überdenken, nein, einfach nur Klappe auf .... und wieder Klappe zu.

Für die Luft erschuf Gott den Adler.
Er gab ihm die Freiheit zu fliegen so hoch er wollte, selbst die höchsten Gipfel konnte er erreichen.

Für den Adler existierte fast keine Grenze.

Mit seinen kräftigen Schwingen schraubte er sich immer höher in die Lüfte. Er spürte die Freiheit in jeder Zelle seines Körpers wenn er über die Berge, *die Täler, die Wälder, die Flüsse und die Meere flog.*

Allerdings zahlte der Adler für diese Freiheit einen hohen Preis:

Er konnte nicht, wie die Muschel, nur am Boden liegen und sein Essen floss beziehungsweise flog ihm einfach so zu – nein der Adler musste täglich um seine Beute und somit um sein Überleben kämpfen.

Nichts fiel ihm einfach so zu. Oft musste er tagelang jagen, um für seine Jungen und sich genügend Futter heranzuschaffen.

Aber diesen Preis zahlte er gerne, denn so hatte er die alleinige Verantwortung für all sein TUN oder nicht TUN und genau dafür hatte er die Energie und Kraft.

Zum Schluss schuf Gott den Menschen und stellte ihn vor die Wahl.

Er zeigte ihm zuerst die Muschel die auf dem Meeresboden lag und mit – Klappe auf... Klappe zu... Klappe auf... Klappe zu... Klappe auf.... Klappe zu... – lebte.

Dann zeigte er ihm den Adler der jeden Tag für sein Leben und das seiner Kinder kämpfen musste, der aber auch im Aufwind der Berghänge in Freiheit schwebte.

Anschließend forderte er ihn auf, sich zu entscheiden, welches Leben er führen wolle.[14]

Wie willst du leben?

Seitdem hat der Mensch die Wahl, für welches Leben er sich entscheiden möchte – das der Muschel oder das des Adlers...

Auch heute noch liegt die Entscheidung bei uns, wie wir leben wollen, welches Leben wir führen wollen.

Du hast die Wahl!

Die Wahl zwischen dem Leben als Muschel – einem Leben das stets im gleichen Trott verläuft.
Einem wenig aufregenden, eher langweiligen und eintönigem Leben, ohne große Höhen und Tiefen, ohne große Chance auf persönliche Entwicklung und Wachstum.
So ein Leben ist oft der Preis für jemanden der seinen persönlichen Horizont, seine persönlichen Möglichkeiten und Fähigkeiten nicht erweitern möchte.
Dafür kann so ein Leben aber auch ruhig und gemütlich sein...oder?

„Manche Menschen sterben vorzeitig, weil sie zu viel essen, andere sterben, weil sie zu viel trinken, und wieder andere verkümmern einfach und sterben, weil sie nichts anderes zu tun haben."
Napoleon Hill [15]

Wer sich hingegen entscheidet, das Leben eines Adlers zu führen, der hat sich zwar für ein Leben in Freiheit und Eigenverantwortung entschieden – aber mit ziemlicher Wahrscheinlichkeit für kein leichtes...

Oft ist dies eine Entscheidung für ein Leben mit vielen Höhen und Tiefen, Schicksalsschlägen, Lektionen, und Herausforderungen.
Ein Leben das in meinen Augen nur möglich ist, wenn wir am Lernen und am eigenen Wachsen regelrechte Freude entwickeln.
Vielleicht kein einfaches und kein ruhiges Leben, aber fakt ist auch - je mehr wir lernen und wachsen, umso freier werden wir.

Zumindest empfinde ich das bei mir so – du siehst es vielleicht anders und das ist natürlich genauso okay.

Jeder nach seiner Fasson...

Das Adlerleben ist ein Stückchen weit ein Leben nach meinem Geschmack...

Herausforderungen und „Probleme" werden bei so einer Lebenseinstellung zu Lektionen und Chancen.

Allerdings achte ich auch darauf, ab und zu und regelmäßig ein bisschen „Muschelleben" zu integrieren, um neue Energie zu tanken...

Die Natur gibt uns hier eine kleine Entscheidungshilfe an die Hand, denn woran erkennen wir, ob etwas lebt?

Ganz einfach - alles, was lebt, wächst.

Wenn etwas aufhört zu wachsen und sich zu verändern, dann stirbt es.

Du kennst bestimmt das Sprichwort

„Stillstand ist Rückschritt.
Aufhören des Strebens ist geistiger Tod.“
Konfuzius [16]

Zum einen handelt es sich bei Wachstum also um das Prinzip des Lebens, zum anderen geht es allerdings nicht nur darum, einfach zu wachsen, sondern Evolution bedeutet zielgerichtetes Wachstum.
Wachstum, um sich zu entwickeln und somit neue Möglichkeiten zu entdecken und „lebensfähiger" zu werden.

Wir können uns hier auch ein Beispiel an Kindern nehmen, ständig wollen sie forschen, entdecken, kennen lernen, untersuchen und ihre Fähigkeiten verbessern.

Es scheint also so eine Art evolutionäres Grundbedürfnis des Menschen zu sein, sich ständig weiterzuentwickeln und zu lernen.

Aus eigener Erfahrung kann ich sagen, dass wir Menschen viel mehr Energie haben, wenn wir so leben, dass wir unsere Bedürfnisse erfüllen, einen Sinn im Leben sehen und ein Ziel im Leben haben.

Für mich ist es lebenslanges Lernen und lebenslanges Wachstum – geistig, mental, spirituell.

Ich denke, ein Grund dafür, dass viele Menschen so unglücklich mit ihrem Leben sind – sie Leben ein Leben als Muschel.

Ständig im selben Trott gefangen, ohne Herausforderungen, ohne Entwicklung – ohne Abwechslung.
Ohne wirklich zu wissen, was sie eigentlich wollen. Und wenn ich nicht weiß, was mein Ziel ist – dann ist jeder Weg der falsche...

Wenn wir aufhören zu wachsen und zu lernen, berauben wir uns unserer Bestimmung hier auf Erden, wir berauben uns selbst der Erfüllung unserer Bedürfnisse - unser Leben wird sinnlos und leer.

Unerfüllte Bedürfnisse nehmen uns die Freude am Leben und sind zudem noch ungeheure Energiefresser.

Unsere Seele möchte alle möglichen Erfahrungen machen – dazu sind wir hier.
Und ich bin überzeugt davon, dass alles was uns widerfährt nur einen einzigen Sinn für uns hat – daraus zu lernen und entsprechend zu wachsen.

Und eine Lektion wird so oft wiederholt, bis wir das gelernt haben, was sie uns beibringen sollte. Wir können davor nicht weglaufen und sie wird auch nicht verschwinden, wenn wir sie ignorieren oder ganz tief in uns vergraben.

Diese Lektion wird erst verschwinden, wenn wir sie annehmen, daraus die nötigen Lehren und Erfahrungen ziehen und die entsprechenden Veränderungen in Gang bringen.

Denn schlussendlich geht es um dein Wachstum, deine Erkenntnis – um dich selbst.

Und vor dir selbst kannst du nicht davon laufen - zumindest nicht auf Dauer. Du weißt ja – egal wo du hingehst, du nimmst dich mit.

So lange du dich nicht veränderst, verändert sich auch deine Umwelt nicht – wie innen, so außen!

Aber um sich verändern zu können, muss man erstmal wissen, wer man ist!

Also frage dich – wer bist du?

Die nächste Fabel aus Afrika verdeutlicht, wie wichtig es ist sich selbst zu kennen...

Der Adler und die Hühner

Eine afrikanische Fabel

Es war einmal ein Bauer, der beim Hüten seiner Kühe ein verwaistes Adler-Ei fand.

Er nahm es mit nach Hause und packte es zu eine seiner Hennen in den Stall, die gerade Eier ausbrütete. Sie sollte das arme Ei mit ausbrüten und das Küken aufziehen.

So wuchs der Adler mit seinen „Hühner-Geschwistern" zusammen auf.

Da er sich für ein Huhn hielt, verhielt er sich auch entsprechend.
Er gackerte und scharte in der Erde nach Würmern und Insekten.
Niemals flog er, flatterte nur mit den Flügeln und hopste höchstens mal ein, zwei Meter durch die Luft.

Als ein paar Jahre vergangen waren und er bereits ausgewachsen war, flog einmal ein Adler über das Hühnergehege.
Dieser mächtige, majestätisch wirkende Vogel faszinierte ihn, wie er hoch oben am Himmel seine Kreise zog.

Also fragte er ein Huhn, was für ein Vogel das sei.

„Das ist ein Adler, der König der Lüfte" erwiderte das Huhn.

„Das ist wunderschön – ich möchte auch so am Himmel kreisen" träumte der unwissende Adler.

„Du warst schon immer anders als wir" lachte das Huhn.

„Aber vergiss es – das wird nicht passieren. Wir sind Hühner!"

Also vergaß der Adler es gleich wieder und verbrachte sein restliches Leben als Huhn, scharrend und gackernd im Hof. [17]

Wer sind wir wirklich?

Wir glauben oft, dass wir uns kennen und wissen, was wir können oder auch nicht. Aber ist dieses Bild von uns selbst, unseren Fähigkeiten, unserem Wissen, unserem Können uns so weiter wirklich auf unserem Mist gewachsen?

Oder glauben wir das, was wir von anderen Menschen über uns gehört haben?
Von unseren Eltern, Verwandten, Freunden und Bekannten, unseren Arbeitskollegen und Sportkameraden...?

Du hast bestimmt auch schon mal den Satz gehört:
„Lass das lieber sein, das kannst du sowieso nicht. Dafür bist zu doof oder zu schwach oder zu ..."

Und wenn ja, hast du diese Aussage mal überprüft oder hast du sie einfach so hingenommen?

„Wenn dir jemand sagt, das wäre unmöglich, dann ist das eine Reflexion seiner Grenzen - nicht deiner!"[18]

Also frage ich dich – oder besser noch, frag du dich selbst...

Weißt du wirklich wer du bist und wie du leben willst...?

Die zwei Wölfe

Eine alte Fabel der Cherokee-Indianer

*E*in alter Indianer saß, wie so oft, mit seinem Enkel am Lagerfeuer.

Es war schon dunkel geworden. Das Feuer knackte und die hellen Flammen züngelten in den Himmel empor und tauchten den Wald ringsumher in gespenstische Schatten.

Nachdem sie beide eine Weile schweigend da gesessen und dem Feuer zugesehen hatten, sagte der alte Indianer nachdenklich: „Weißt du, die Dunkelheit des Waldes und der helle Schein der Flammen sind wie die zwei Wölfe, die jeder von uns in seinem Herzen trägt."

Sein Enkel schaute ihn etwas verwundert und fragend an, denn er wusste nicht, was sein Großvater damit meinte.
Also erzählte ihm sein Opa von dem alten Cherokee Mythos der zwei Wölfe...

„In jedem von uns wohnen zwei Wölfe" begann er. „Ein schwarzer Wolf und ein weißer."

Der schwarze Wolf steht für das „Böse" in uns – für unsere „dunkle" Seite.
Er ist rachsüchtig, aggressiv, neidisch, wütend und grausam. Voller Schmerz, Sorgen und Minderwertigkeitsgefühlen.

Der weiße Wolf hingegen, steht für unsere „helle"
Seite, für das „Gute" in uns.
Der weiße Wolf ist mitfühlend, gütig, liebevoll,
aufrichtig, großzügig und sanft. Voller Liebe, Freude und Hoffnung."

„Jetzt verstehe ich, was du meinst", erwiderte sein
Enkel. „Und ich frage mich, welcher Wolf wird den
Kampf um mein Herz wohl gewinnen?"

„Der Wolf, den du fütterst!" erwiderte der alte
Indianer bedeutungsvoll.[19]

Welchen Wolf willst du füttern?

Diese Indianische Legende kennst du bestimmt oder hast sie in der einen oder anderen Version schon mal gelesen – es gibt etliche davon...

Und meistens endet sie an dieser Stelle und wir fragen uns...
Welchen Wolf willst du füttern?

Ich denke jeder von uns kennt diese innere Uneinigkeit.

Nach dem Prinzip von Ying und Yang liegt in Allem was ist, auch immer ein wenig von seinem Gegenteil.

Gut und Böse, Hell und Dunkel, stark und schwach, usw.

Welche Seite sich stärker ausprägt, hängt unter anderem davon ab, wie wir aufgewachsen sind und wie wir erzogen wurden.
Welche Erfahrungen wir in unserem Leben machen durften – gerade in der prägenden Zeit als Kind und Jugendlicher, aber auch als Erwachsender.
Von unseren Glaubenssätzen, Denkweisen, Meinungen, Perspektiven, Gedanken und Entscheidungen.

Das klingt jetzt so, als ob wir gar nichts tun könnten und es nicht an uns ist, welcher Wolf gefüttert wird – dem ist aber nicht so...!

Denn Erstens haben wir die Möglichkeit unsere Gedanken, Glaubenssätze, Meinungen und so weiter zu hinterfragen und gegebenenfalls auch zu ändern, wenn es uns sinnvoll oder hilfreich erscheint.
Das Thema kennst du vielleicht schon aus einem meiner früheren Bücher...

Und Zweitens können wir auch die Wahl treffen, welchen Wolf wir füttern wollen!

Den „lieben" Wolf – als Verkörperung von Liebe, Freude, Hoffnung, Mitgefühl, Dankbarkeit, Genügsamkeit, Selbstliebe und...?

Oder den „bösen" Wolf – als Verkörperung von Hass, Neid, Missgunst, Gier, Rachsucht, aber auch ständige Betriebsamkeit , Stress und Hektik...?

In 99 % wird uns am Ende erzählt, die Moral dieser alten indianischen Geschichte ist, dass wir den weißen Wolf füttern sollten...

Aber ich finde es lohnt sich, immer mal wieder aufmerksam und achtsam darüber nachzudenken und unser Tun und Handeln zu überdenken...

Denn wie gesagt, meistens endet die Erzählung hier – wir könnten aber auch noch etwas länger am Lagerfeuer verweilen und dem alten, weisen Indianer weiter zuhören...

Aber achte darauf", fuhr der alte Cherokee, zu seinem Enkel gewandt, weiter, „den schwarzen Wolf nicht ganz und gar zu vergessen!

Wenn du ihm nicht ab und zu etwas Aufmerksamkeit schenkst, wird er im Dunkeln lauern und auf den passenden Augenblick warten, wo er dich überwältigen kann.

Das passiert häufig, wenn wir uns nur um den weißen Wolfen kümmern und nur ihn füttern.

Je mehr wir den schwarzen Wolf vernachlässigen, desto härter wird er den weißen Wolf bekämpfen.

Wird der schwarze Wolf von uns jedoch beachtet und als Teil von uns akzeptiert ist er glücklich und ruhig. Und dann ist auch der weiße Wolf glücklich und zufrieden.
Beide können friedlich nebeneinander existieren."

Und die richtige Balance im Leben zu finden, die Balance zwischen „Gut" und „Böse", „Schwarz" und „Weiß" – dass ist die große Herausforderung in und die Voraussetzung für ein harmonisches und glückliches Leben.

Wie auch der alte Großvater weiß...

Unsere große Herausforderung liegt darin, das innere Gleichgewicht herzustellen" erklärte er seinem Enkel weiter.

„Denn der schwarze Wolf hat auch viele wertvolle Qualitäten – dazu gehören Beharrlichkeit, Mut, Entschlossenheit, Willensstärke und Intuition. Aspekte, die Du in Zeiten brauchst, wo der weiße Wolf schwach ist.

Der weiße Wolf braucht den schwarzen Wolf an seiner Seite. Beide gehören zusammen.

Und das Leben ist die nie endende Aufgabe und Herausforderung die Balance zwischen dunkel und hell zu finden und Harmonie herzustellen.

Diese immerwährende Suche dürfen wir nie aufgeben.“

Auch dies wäre ein denkbares Ende...
Ein Ende, das in das heute weit verbreitete Bewusstsein immerwährenden Suchens und Therapierens passen würde.

Aber wagen wir doch mal einen kleinen Sprung ans andere Ende der Welt und stellen uns vor, wie ein buddhistischer Mönch die Geschichte vielleicht zu Ende erzählt hätte...

Mir persönlich gefällt dieses Ende am besten, da es der aufkommenden Erkenntnis, dass alles Eins ist und es keine wirkliche Trennung gibt, Rechnung trägt...

F rüher haben viele Menschen angenommen, das Ziel sei es, das innere Gleichgewicht herzustellen.

Und wenn sie die Suche nicht irgendwann erschöpft aufgegeben haben, sind sie meist als ewig Suchende mit samt ihren Wölfen gestorben.

Auf dieser Stufe des Bewusstseins war es schlichtweg unmöglich zu erkennen, dass im scheinbaren Gegensatz allen Seins kosmische Einheit verborgen liegt.

Ein ewiger Tanz unausgesetzter Schöpfung im Augenblick.

Der schwarze und der weiße Wolf sind eins.

Zu jeder Zeit und in jedem Moment haben wir die Wahl, der eine oder der andere zu sein.

Doch in dem einen, sind wir auch immer schon der andere. Der andere in uns, genau der, der wir gerade nicht sind.
Das ist das Prinzip von Ying & Yang.
Das eine beinhaltet auch immer schon das andere und nur zusammen sind sie vollkommen.

Die Idee der Trennung entspricht einem menschlichen, verstandesmäßigen Konzept von Gut und Böse.

Das „Verstehen wollen", dieses „den einen oder den anderen" ins Licht des Verstandes zu rücken, ist ein Akt der Gewalt und tötet das „Eins-Sein" der Beiden und deren ewigen Reigen im Leben.

Wir kommen aber durch Gedankenkonzepte und „gedankliches Verstehen wollen" nicht zu der Erkenntnis, dass die vermeintlichen Gegensätze immer parallel in uns leben und dass es keine wirkliche Trennung, nichts Gutes und nichts Böses gibt.

Das eine bedingt und ergänzt immer das andere.

Und wir haben fortwährend die Freiheit in jedem Augenblick das eine oder andere in uns zu erschaffen.
Mitten in einem unaufhörlichen, pulsierenden Schöpfungsprozess steht uns eine Dimension des Bewusstseins offen, frei zu sein.

Frei davon, etwas machen zu müssen. Frei auch davon, Harmonie erschaffen zu müssen, etwas „balancieren" zu müssen und frei davon, die Welt erretten zu müssen.
Durch Hingabe an den jetzigen Augenblick, in welcher Gestalt er auch erschein mag, durch die Kunst gewahr und achtsam zu sein, entsteht Freiheit.

Das ist ein Erkennen, Akzeptieren und Genießen der Vollkommenheit des Augenblicks.
Denn abseits unserer Überzeugungen ist alles vollkommen.

Einzutreten in dieses Feld eines allumfassenden Bewusstseins, bedeutet in deiner Erfüllung und deinem „Erfüllt-Sein" angekommen zu sein. Es gibt nichts, was wir suchen könnten, nichts, was wir reparieren, therapieren oder heilen könnten oder müssten..." [20]

Was du nicht willst..

Hui – diese verschiedenen Versionen der alten Cherokee-Legende bergen viel Potenzial zum Nachdenken in sich!

Sie geben uns aber auch einen sehr guten Hinweis - den Hinweis, dass es absolut in Ordnung ist, nicht immer perfekt zu sein!
Nicht immer alles im Griff haben zu müssen – auch sich selbst nicht.

Was natürlich auch nicht als Freibrief verstanden werden darf!

„Handle immer so, dass die Maxime deines Willens jederzeit zu gleich als Prinzip einer allgemeinen Gesetzgebung gelten könnte" [21]
Immanuel Kant

Oder etwas einfacher ausgedrückt

„Was du nicht willst, dass man dir tu, das füg auch keinem anderen zu" [22]

Eine weitere Hilfe im Umgang mit unseren Mitmenschen können auch die drei Siebe des Sokrates sein…

Die drei Siebe des Sokrates
Eine Geschichte aus dem antiken Griechenland

*A*ls Sokrates wieder einmal im Atrium saß und mit seinen Schülern philosophierte, kam ein Bekannter schnellen Schrittes auf ihn zu und rief schon weitem ganz aufgeregt: „Sokrates, Sokrates! Höre mich an, ich muss dir etwas ganz wichtiges über deinen Freund erzählen."

Als der Mann schließlich bei Sokrates anlangte, gebot ihm dieser Einhalt und entgegnete mit erhobener Hand: „Warte lieber Freund! Bevor du fortfährst lass mich dich fragen: „Hast du das, was du mir erzählen möchtest durch die drei Siebe, gesiebt?"

„Durch die drei Siebe" entgegnete der Bekannte irritiert? „Ich verstehe nicht recht – welche drei Siebe?"

„Na gut denn, lass uns gemeinsam prüfen, ob das was du mir so dringend zu erzählen suchst, durch die drei Siebe hindurch passt", entgegnete Sokrates mit einem Lächeln.
„Beginnen wir mit dem ersten Sieb – der Wahrheit", fuhr Sokrates fort.
"Bist du dir absolut sicher, dass das, was du mir zu berichten wünschst, der Wahrheit entspricht?"

„Der Wahrheit?", wunderte sich der Bekannte.
„Nein, das weiß ich leider nicht. Ich hörte es nur

*von Einem, der es wiederum auf dem Marktplatz
von einem anderen gehört hatte, welcher es irgendwo im Vorbeigehen aufgeschnappt hatte."*

*„So, so - na gut", erwidert der Weise nachdenklich.
„Dann lass uns sehen, ob es durch das zweite Sieb
hindurchgeht – dem Sieb der Güte. Ist das, was du
mir so dringend mitteilen möchtest etwas Gutes?"*

*„Etwas Gutes", echote der Andere. „Nein eigent-
lich nicht... Eher im Gegenteil!", gab er zögernd zu.*

*„Ach tatsächlich", entgegnete Sokrates, etwas
amüsiert, ob der steigenden Irritierung des Freun-
des. „So lass uns denn noch gemeinsam das dritte
Sieb prüfen", lächelte er. „Das dritte Sieb ist das
Sieb der Notwendigkeit", erklärte Sokrates. „Ist
das, was du mir zu erzählen begehrst, notwendig,
dass du es mir erzählst?"*

„Nun, notwendig gerade nicht, aber ich dachte..."

*„Wenn es weder wahr, noch gut oder notwendig
ist", unterbrach Sokrates seinen Bekannten, „lass
es lieber unausgesprochen und belaste weder dich,
noch mich oder meinen Freund damit."* [23]

Denken – drücken – sprechen!

Ein sehr guter Rat vom weisen Sokrates!
Wie oft plappern wir etwas aus, ohne uns Gedanken darüber zu machen, ob es vielleicht jemand anderem schadet – weil es vielleicht gar nicht wahr oder notwendig ist, es zu erzählen.

Aus meiner Zeit als Ausbilder bei der Bundeswehr ist mir ein Spruch unseres Spießes im Gedächtnis geblieben, er ist auch ein Teil der Funker-Ausbildung:

Denken – drücken – sprechen!

Und ganz oft habe ich das Gefühl, dass wir uns mehr darauf besinnen sollten, ob das was wir für Berichtens-Wert halten, es auch wirklich ist.
Fragen wir uns doch ruhig öfter, was wir mit dem Erzählten erreichen wollen...

Und bevor wir dann sprechen, denken wir erst einmal nach und wenn wir es dann immer noch für eine gute Idee halten, drücken wir den Knopf (öffnen den Mund) und fangen an zu erzählen...

Ein ähnliches Prinzip des „vorher Nachdenkens" kann man übrigens auch in anderen Situation anwenden.

Wie uns die folgende Geschichte des Professors zeigt...

Der Professor und das rote Buch

Eine wissenschaftliche Geschichte

Im Fach Sozialwissenschaften hielt ein Professor ein schwarzes Buch hoch und sagte zu seiner Klasse: „Dieses Buch ist rot!"
Die ganze Klasse protestierte einstimmig und lautstark: „Nein! Es ist schwarz!"

Dennoch - der Professor seinerseits beharrte darauf und bekräftigte noch einmal: „Doch, es ist rot!"
Und die Klasse wiederholte dröhnend: „Nein, das ist falsch! Es ist schwarz."

Nun drehte der Professor das Buch um, so dass die Klasse es sehen konnte – und tatsächlich, die Rückseite war rot!

Der Professor blickt in die beschämten Gesichter seiner Schüler und entgegnete: „Sage niemals jemanden, er liege falsch, solange Du die Dinge nicht aus seiner Perspektive gesehen hast."

Perspektivwechsel

Eine schöne Aufforderung!
Ein Perspektivwechsel oder zumindest der Versuch sich in unseren Gegenüber hineinzuversetzen, um ihn zu verstehen, hilft oft Streitigkeiten zu vermeiden. Oder Missverständnisse, weil wir uns nur unsere Perspektive, auf unsere Meinung, unsere Erfahrungen beschränken.

Geben wir doch unseren Mitmenschen, und somit auch uns selbst, die Chance durch andere Sichtweisen etwas Neues zu erlernen.

Denn wir sollten stets im Hinterkopf behalten, dass unsere Sichtweise auch nur eine Möglichkeiten von vielen und nicht die absolute Wahrheit ist!

Lasst uns daran denken, wenn wir das nächste Mal über einen Menschen oder eine Situation urteilen, bevor wir sämtliche Fakten kennen!

Denn kein Mensch ist „von Haus aus" schlecht oder böse – wir alle haben auch unsere guten Seiten.

Auch wenn wir sie manchmal selbst nicht erkennen können...

Eine wundervolle Liste
Eine wundervolle Geschichte

*E*ines Tages bat eine Lehrerin ihre Schüler, die Namen aller anderen Schüler der Klasse auf ein Blatt Papier zu schreiben und ein wenig Platz neben den Namen zu lassen.
Dann sagte sie zu den Schülern, sie sollten überlegen, was das Netteste ist, das sie über jeden ihrer Klassenkameraden sagen können und das sollten sie neben die Namen schreiben.

Es dauerte die ganze Stunde, bis jeder fertig war und bevor sie den Klassenraum verließen, gaben sie ihre Blätter der Lehrerin.

Am Wochenende schrieb die Lehrerin jeden Schülernamen auf ein Blatt Papier und daneben die Liste der netten Bemerkungen, die die Mitschüler über den Einzelnen aufgeschrieben hatten.
Am Montag gab sie jedem Schüler seine oder ihre Liste.
Schon nach kurzer Zeit lächelten alle.

„Wirklich?", hörte man flüstern. „Ich wusste gar nicht, dass ich irgendjemandem was bedeute!" und „Ich wusste nicht, dass mich andere so mögen", waren die Kommentare.

Niemand erwähnte danach die Listen wieder. Die Lehrerin wusste nicht, ob die Schüler sie untereinander oder mit ihren Eltern diskutiert hatten, *aber das machte nichts aus. Die Übung hatte ihren Zweck erfüllt. Die Schüler waren glücklich mit sich und mit den anderen.*

Einige Jahre später war einer der Schüler gestorben und die Lehrerin ging zum Begräbnis dieses Schülers.
Die Kirche war überfüllt mit vielen Freunden. Einer nach dem anderen, der den jungen Mann geliebt oder gekannt hatte, ging am Sarg vorbei und erwies ihm die letzte Ehre.

Die Lehrerin ging als letzte und betete vor dem Sarg. Als sie dort stand, sagte einer der Anwesenden, die den Sarg trugen, zu ihr:
„Waren Sie Marks Mathelehrerin?"
Sie nickte.
Dann sagte er: „Mark hat sehr oft von Ihnen gesprochen."

Nach dem Begräbnis waren die meisten von Marks früheren Schulfreunden versammelt. Marks Eltern waren auch da und sie warteten offenbar sehnsüchtig darauf, mit der Lehrerin zu sprechen.

„Wir wollen Ihnen etwas zeigen", sagte der Vater und zog eine Geldbörse aus seiner Tasche. „Das wurde gefunden, als Mark verunglückt ist. Wir dachten, Sie würden es erkennen."

Aus der Geldbörse zog er ein stark abgenutztes Blatt, das offensichtlich zusammengeklebt, viele

Male gefaltet und auseinander gefaltet worden war.

Die Lehrerin wusste ohne hinzusehen, dass dies eines der Blätter war, auf denen die netten Dinge standen, die seine Klassenkameraden über Mark geschrieben hatten.

„Wir möchten Ihnen so sehr dafür danken, dass Sie das gemacht haben", sagte Marks Mutter. „Wie Sie sehen können, hat Mark das sehr geschätzt."

Alle früheren Schüler versammelten sich um die Lehrerin.

Charlie lächelte und sagte: „Ich habe meine Liste auch noch. Sie ist in der obersten Schublade in meinem Schreibtisch."

Die Frau von Heinz sagte: „Heinz bat mich, die Liste in unser Hochzeitsalbum zu kleben."

„Ich habe meine auch noch", sagte Monika. „Sie ist in meinem Tagebuch."

Dann griff Irene, eine andere Mitschülerin, in ihren Taschenkalender und zeigte ihre abgegriffene und ausgefranste Liste den anderen. „Ich trage sie immer bei mir." sagte sie und meinte dann: „Ich glaube, wir haben alle die Listen aufbewahrt."

Die Lehrerin war so gerührt, dass sie sich setzen musste und weinte.

Sie weinte um Mark und für alle seine Freunde, die ihn nie mehr sehen würden.

Im Zusammenleben mit unseren Mitmenschen vergessen wir oft, dass jedes Leben eines Tages endet und dass wir nicht wissen, wann dieser Tag sein wird. Deshalb sollte man den Menschen, die man liebt und um die man sich sorgt, sagen, dass sie etwas Besonderes und Wichtiges sind. [24]

Unsere netten Seiten

Diese Geschichte zeigt uns sehr schön, dass wir nie vergessen sollten, dass wir alle unsere netten Seiten haben – auch wenn wir sie manchmal selbst nicht erkennen können.
Also versuche in anderen, aber auch in dir selbst, immer das Nette und Positive zu sehen.

Wenn du magst und dich traust – bitte doch deine Familie, Freunde, Verwandten, Kollegen und Kolleginnen auch einmal darum, aufzuschreiben, was sie an dir schätzen – und bastle dir deine eigene „Wundervolle Liste"…

Ich habe auch eine und jedes schöne Kompliment wird darauf vermerkt!
So wächst sie stetig – genauso, wie mein Selbstvertrauen und meine positive Sichtweise auf mich selbst und andere!

Und auch wenn es dir manchmal so vorkommt - kein Mensch ist auf der Welt, nur um dir zu schaden oder dir weh zu tun.

Es steckt fast immer (d)eine eigene Geschichte dahinter…

Raupe oder Schmetterling

Eine alte Zen-Geschichte

E ines Tages kam ein Schüler zerknirscht zu
  seinem Meister. Der Meister sah ihm sofort
an, dass er etwas auf dem Herzen und bat ihn zu
sprechen.

„Meister", jammerte er, „eure Lehren sind so anstrengend und mühevoll, dass es mir schwerfällt
ihnen zu folgen. Eure Regeln sind so streng, dass es
mir große Mühe bereitet sie zu befolgen. Ich habe
deshalb beschlossen das Studium bei euch zu been-
den."

Mit gesenkten Kopf und schlechtem Gewissen
stand nun der Schüler vor seinem Meister und war-
tet auf die fürchterliche Zurechtweisung von seinem Meister, die jetzt bestimmt kommen würde.

Doch der alte Meister guckte seinem Schüler nur
mit traurigem, aber festem Blick, in die Augen. Die
erwartetet Standpauke blieb aus.

„Kennst du die Geschichte von der Raupe?", fragte
er stattdessen ganz ruhig und ohne Zorn.

Der Schüler konnte nicht antworten, sondern nur
stumm und beschämt den Kopf schütteln.

„Gut, ich will sie dir erzählen", erwiderte sein
weiser Meister sanft.

„Es war einmal eine Raupe, die beschlossen hatte, ihre Verwandlung zum Schmetterling aufzugeben und für immer eine Raupe zu bleiben. Die Verwandlung zum Schmetterling schien ihr einfach viel zu anstrengend und der ganzen Mühe nicht wert.
Und so kroch sie fortan langsam und mühselig durch ihr Raupenleben.

Als sie eines Tages wieder mühsam dahinkroch, schaute sie in den Himmel und sah dort die ganzen bunten Schmetterlinge, welche im Sommerwind lustig durch die Lüfte und von Blüte zu Blüte tanzten ..."

Seinen Schüler sanft bei den Schultern nehmend fuhr der Meister fort:
„Bedenke dies wohl bevor du dich endgültig entscheidest. Nicht immer ist der Weg, welcher am einfachsten scheint, der beste..." [25]

Das Eisberg-Prinzip

Diese alte Zen- Geschichte erinnert uns daran, dass „die Götter vor den Erfolg, den Schweiß gesetzt haben".

Wir schauen oft neidisch auf den Erfolg unserer Mitmenschen, vergessen dabei aber gerne, dass dieser Erfolg viel Arbeit, Mühe und Entbehrung gekostet hat.

Du kennst dieses Prinzip vielleicht unter den Namen „Eisberg-Prinzip".

Bei einem Eisberg sehen wir auch nur einen geringen Teil des ganzen Berges – der Rest liegt, unserem Blick entzogen, unter der Wasseroberfläche.

Genauso wie die vielleicht monate- oder jahrelangen Bemühungen die vor dem „Erfolg über Nacht" gestanden haben.
Aber nicht nur Anstrengungen, Entbehrungen, Rückschläge oder Mühen gehören zum Erfolg dazu.

„Positives Denken und der Glaube an sich selbst, sind der Weg zum Erfolg!"[26]
Josef Dlask

Oft ist auch eine Veränderung unseres derzeitigen Umfeldes, unseres Verhaltens notwendig, damit wir endlich das Leben finden und führen können, was uns gefällt und das uns erfüllt.

Denn genau das bedeutet Erfolg zum Beispiel für mich.
Ein Leben nach seinen eigenen Regeln und Vorstellungen zu leben, soll heißen das ich mein Leben gerne so gestalten möchte, wie ich es will.
Freiheit, Unabhängigkeit und Eigenverantwortung gehören dabei genauso dazu, wie Fehler zu machen.

Denn da ich nicht perfekt bin, ist es nur logisch, dass Fehler zu meinem Leben dazu gehören. Und das ist auch gut so, erstmal wäre ein Leben ohne Fehler oder besser Herausforderungen, doch recht fad und langweilig oder?
Und außerdem beflügeln mich Fehler dazu, es beim nächsten Mal besser zu machen, aus ihnen zu lernen, an ihnen zu wachsen und gestärkt aus ihnen hervorzugehen.

Ich bin fest überzeugt, nur wer bereit ist Fehler zu machen, sich neuen Herausforderungen und Aufgaben zu stellen, kann auf Dauer ein erfülltes Leben führen.

Und das erfordert Mut – Mut für Entscheidungen, Mut neue oder unbekannte Wege zu gehen.

Die beiden folgenden Geschichten verdeutlichen das….

Der kleine Bach
Eine kleine Geschichte über Veränderung

Es war einmal ein kleiner Bach, der kam an den Rand einer großen Wüste.

Dort hörte er eine Stimme: »Los, gehe ruhig weiter.«

Aber der kleine Bach fürchtete sich vor dem Neuen und Unbekannten.
Er hatte Angst vor der Veränderung. Er wollte zwar mehr Wasser haben und ein schöneres Leben führen, aber er wollte sich nicht verändern und kein Risiko eingehen.

Doch wieder sprach die Stimme: »Wenn du den Schritt nicht wagst, dann wirst du nie erfahren, wozu du in der Lage bist. Vertraue einfach darauf, dass du auch in einer neuen Umgebung zurechtkommst. Fließe ruhig weiter.«
Da entschloss sich der Bach weiterzugehen.

Doch es war ihm nicht sehr wohl dabei. In der Wüste wurde es immer heißer und schließlich verdunstete der Bach. Die verdunstenden kleinen Tröpfchen sammelten sich oben in der Luft.
Dort bildeten sie dann Wolken, die über die Wüste zogen.
In seiner neuen Form erlebte der kleine Bach viele neue Dinge. Sah Ländereien, Wälder, Seen, Berge und vieles mehr.

Das eine Veränderung so schön sein kann, hätte er niemals für möglich gehalten.
Er sah Dinge, die er in seiner alten Form niemals hätte vorstellen können, geschweige denn zu Gesicht bekommen hätte.

Die Wolken reisten viele Tage, bis sie hinter der Wüste zum großen Meer kamen.
Dort regneten sie sich leer.

Wieder hatte der kleine Bach eine Veränderung durchlaufen – und die war noch schöner als die Vorige.
Das Bächlein führte nun ein viel schöneres Leben, als es jemals zu träumen gewagt hatte – denn er war jetzt Teil von etwas ganz Großem...

Während es sich sanft von einer Welle tragen ließ, überlegte es lächelnd: »Ich habe mich mehrmals verändert – und doch bin ich jetzt mehr ich selbst, als je zuvor.« [27]

Entscheidungen treffen

Entscheidungen zu treffen, gerade wenn sie eine unmittelbare Veränderung für uns selbst bedeuten, fällt uns oft sehr schwer.

Aber die Geschichte zeigt uns ganz wundervoll, dass Veränderung nichts Schlimmes ist.
Ganz im Gegenteil, sie kann uns zu etwas besseren führen – und in den meisten Fällen tut sie das auch.
Zumindest habe ich es in meinem Leben so kennenlernen dürfen.

Aber die Erzählung vom kleinen Bach hat noch eine andere Botschaft für uns...

> *„Ein Grund dafür, dass die Leute sich vor Veränderung fürchten, ist, weil sie sich stets auf das konzentrieren, was sie verlieren könnten, anstatt auf das, was sie dazugewinnen könnten.“*[28]
> *Rick Godwin*

Wenn wir am Ende ein glückliches Leben führen wollen, liegt die Chance dazu nur darin, uns selbst zu ändern – und nicht unsere Mitmenschen...
Das funktioniert in den allerwenigsten Fällen – ich selbst habe es jedenfalls noch nicht erlebt...

Jemand anderen zu verändern funktioniert genauso wenig, wie es funktioniert, dass jemand aufhört zu rauchen, nur weil du es ihm sagst.

Oder jemand anfängt eine Diät zu machen, bloß weil du ihn dazu aufgefordert hast.

Wenn derjenige nicht selbst davon überzeugt ist, wird er es nicht machen.

Oder würdest etwas tun, von dem du nicht überzeugt bist oder was du nicht tun willst, nur weil dir jemand sagt, dass sei eine gute Sache...?

> *„Auf Veränderung zu hoffen, ohne selbst etwas dafür zu tun, ist wie am Bahnhof stehen und auf ein Schiff zu warten."*[29]
> *Albert Einstein*

Und es ist auch viel einfacher sich selbst zu ändern, als es den Anschein hat.

Viel einfacher und weniger nervenaufreibend, wie jedes Mal wieder zu scheitern, bei dem Versuch unsere Mitmenschen zu ändern.

Die nächste kleine Geschichte zeigt uns das sehr schön...

Der weise Hofnarr
Eine weise Geschichte

*E*in König lief durch eine steinige Stadt. *E*r wurde wütend und sagte: ‚Ich will, dass ihr alle Kühe umbringt, das Leder gerbt und die gesamte Stadt damit auslegt!'
Die weisen Männer der Gegend kamen alle zusammen und sagten ihm: ‚Euer Hoheit, wir müssen zehntausend Kühe umbringen, das ganze Leder gerben, und in zehn Jahren werden wir das gesamte Königreich damit ausgelegt haben, sodass der König sich nicht wehtut.'

Dann kam ein Hofnarr vorbei und bat um Erlaubnis, etwas sagen zu dürfen. Der König stimmte zu und er sagte: ‚Warum bringen wir nicht eine Kuh um, gerben das Leder, und machen dem König Schuhe?'

Und der König lernte, dass es besser war, sich selbst zu ändern, statt der gesamten Stadt. [30]

Veränderung ist gut

Wenn du bereits eines meiner Bücher gelesen hast, wirst du wissen, dass es mein größtes Anliegen ist, mein Herzenswunsch sozusagen, die Menschen dahin zu führen, ihr Leben wieder in die eigenen Hände zu nehmen und es selbst zu gestalten, soweit es ihnen möglich ist.

Und wie könnten wir es besser gestalten als mit Veränderungen?
Denn Veränderungen sind nichts, vor dem wir Angst haben müssten.
Sie passieren unser ganzes Leben hindurch – oft bekommen wir es gar nicht mit. Aber betrachte einfach mal ein Bild aus deiner Kindheit oder Jugend und du wirst erkennen was ich meine.

Oft kommt unsere Angst vor etwas Neuem dadurch zustande, dass wir „warten" bis eine Situation so eskaliert, dass wir nur noch darauf reagieren können.
Würden wir aber die Vorzeichen richtig erkennen und entsprechend deuten – was allerdings nur funktioniert, wenn wir auch auf unsere Umgebung achten und die Vorzeichen erkennen (Achtsamkeit) – könnten wir agieren und die Situation bzw. die Veränderung aktiv selbst mitgestalten, oder ihr sogar zuvor kommen.

Durch die Tatsache, dass wir selbst mitgestalten und somit auch in einem gewissen Maß wissen, wohin die

Reise geht, verliert die Veränderung dann sehr oft ihren Schrecken und wird als das wahrgenommen, was sie ist – eine aktive Chance.

> *„Jeder denkt darüber nach, die Welt zu verändern, aber keiner denkt daran sich selbst zu verändern."*[31]
> Leo Tolstoi

Eine Chance, mal wieder Bilanz zu ziehen, alte Angewohnheiten und Muster zu hinterfragen, neue Pläne oder lang gehegte Träume wahr zu machen ...

Veränderung hat übrigens rein gar nichts damit zu tun, sich zu verbiegen – schon gar nicht für Andere.

Aber auch nicht für sich selbst.

Es hat auch nichts mit Selbstaufgabe zu tun oder damit jemand anderer sein zu wollen...

Veränderung hat mit Anerkennung und Akzeptanz zu tun...

> *„Ich verändere mich nicht, in dem ich versuche, etwas anderes zu sein, als ich bin - ich verändere mich, in dem ich anerkenne, wer ich gerade bin!"*
> Zen-Weisheit [32]

Denn nur wenn ich mich so anerkenne und akzeptiere, wie ich bin, ist wirkliche Veränderung oder Erneuerung überhaupt erst möglich.
Erneuerung um zu wachsen und sich positiv zu verändern. Denn das ist unser Auftrag als Mensch hier auf der Erde.

„Wir sind alle nur Besucher
auf dieser Welt und zu dieser Zeit.
Unsere Seelen sind nur auf der Durchreise.
Unsere Aufgabe hier ist es zu beobachten,
zu lernen, zu wachsen, zu lieben und dann
wieder nach Hause zu gehen."
Weisheit der Aborigines [33]

Also entscheide dich dafür, dein Leben mitzugestalten, mutig zu sein. Zu wachsen, zu lernen und zu lieben. Veränderung als Chance zu sehen – und nicht zu verzagen, auch wenn es mal nicht so läuft wie gedacht, den so ein Unglück ist schon etwas Großartiges.

Wie die nächste Geschichte „beweist"...

So ein Unglück...
... ist schon etwas Großartiges

Thomas Edisons Labor brannte im Dezember 1914 buchstäblich bis auf die Grundmauern ab.

Es entstand ein Schaden von über zwei Millionen Dollar, doch die Brandversicherung deckte nur einen Betrag von etwa 230.000 Dollar ab, da es sich um einen Betonbaugehandelt hatte, der als absolut brandsicher galt.
Ein Großteil von Edisons Lebenswerk ging in jener Nacht auf spektakuläre Weise in Flammen auf.

Als die Feuersbrunst am heftigsten tobte, suchte Edisons vierundzwanzigjähriger Sohn Charles zwischen Rauchschwaden und Trümmern verzweifelt nach seinem Vater.

Schließlich fand er ihn.

Er stand etwas abseits und betrachtete die Szene ganz gelassen und in aller Gemütsruhe, den roten Widerschein der Flammen im Gesicht, sein weißes Haar zerzaust vom Wind.

„Beim Gedanken an seine Situation krampfte sich mir das Herz zusammen", berichtete Charles rückblickend. „Er war siebenundsechzig – also nicht mehr ganz jung, und sein gesamtes Hab und Gut wurde von den Flammen geraubt.

Als er mich sah, rief er: ,Charles, wo ist deine Mutter?' Ich wusste es nicht. ,Such sie', drängte er. ,Bring sie her. So etwas wird sie ihr Leben lang nicht noch einmal zu Gesicht bekommen."

Als seine Frau schließlich an seiner Seite erschien, nahm er Ihre Hand und sagte: "Schau dir das an. Welches Glück wir haben – all unsere Irrtümer und Fehler gehen in Flammen auf!
Und wir sind in der glücklichen Lage, noch einmal ganz von vorne beginnen zu können!"

Drei Wochen nach dem Brand stellte Edison seinen ersten Phonographen vor. [34]

Veränderung als Chance

Wir haben nun erkannt, dass Veränderung nicht nur eine Chance, sondern auch ein natürlicher Bestandteil unseres Lebens ist und wir keine Angst davor haben müssen – im Gegenteil!

„Warum fallen wir? Damit wir lernen können, uns wieder aufzurappeln."
aus „Batman Begins"

Also nutzen wir das nächste Mal die Chance, die uns eine vermeintlich schlimme Situation gibt.

- Die Chance eines Neuanfangs.
- Die Chance, mal wieder Inventur zu machen – bei uns selbst.
- Die Chance, uns und unser Verhalten, unsere Gedanken, unser Handeln, unsere Glaubenssätze und Prioritäten zu prüfen, zu überdenken und gegebenenfalls neu zu ordnen, zu ändern oder sogar ganz aufzugeben.
- ...
-

Lass uns mal wieder inneren Hausputz machen, um Platz für Neues zu schaffen...

Einen Neuanfang, neue Ideen, neue Denkweisen, neue Perspektiven und neue Blickwinkel – einen neuen Abschnitt in unserem Leben.

Wir haben gesehen, selbst ein Unglück kann etwas Großartiges in sich bergen, eine schlimme Situation etwas Schönes - wenn wir bereit und offen dafür sind...

Und es gibt viele Künste, in denen wir uns üben können, um diese Bereitschaft und Offenheit zu erlangen...

Eine davon, die Kunst des Nicht-Annehmens, erklärt uns die nächste Geschichte aus Japan...

Wessen Geschenk ist es ?

Eine Geschichte aus dem alten Japan

*E*inmal lebte in Japan ein großer und weiser Meister.

Obwohl er schon etwas in die Jahre gekommen war und das Kämpfen längst anderen überlies, konnte er dennoch jeden Herausforderer besiegen. Dies war überall im Land bekannt, und viele Schüler hatten sich bei ihm eingefunden, um von ihm zu lernen.

Eines Tages kam ein junger Schwertkämpfer von zweifelhaftem Ruf ins Dorf.
Er war fest entschlossen, der Erste zu sein, der den großen Meister bezwingen würde.
Neben seiner Stärke besaß er die abschreckende Fähigkeit, jede Schwäche seines Gegners zu erkennen und auszunutzen.
Er würde den ersten Schlag seines Gegners abwarten, und sobald dieser sich eine Blöße gab, ihm mit gnadenloser Kraft und blitzartiger Schnelligkeit einen Stoß versetzen.
Bisher war noch keiner bei einem Duell mit ihm über den ersten Schlag hinausgekommen.

Ohne auf den Rat seiner besorgten Schüler zu hören, akzeptierte der alte Meister die Herausforderung zum Kampf.

Als die beiden in Stellung gingen, begann der junge Krieger dem Meister wüste Beschimpfungen an den Kopf zu werfen.
Er schmiss Dreck und spuckte ihm ins Gesicht.
Stundenlang ereiferte er sich an den schlimmsten Flüchen und Beleidigungen, die damals der Menschheit bekannt waren.
Doch der Meister stand einfach bewegungslos und ruhig da.

Schließlich hatte sich der junge Krieger verausgabt. Er sah ein, dass er geschlagen war, und zog beschämt von dannen.

Etwas enttäuscht darüber, dass ihr Meister den überheblichen Herausforderer nicht zurechtgewiesen hatte, versammelten sich seine Schüler um ihn und baten um eine Erklärung.

„Wie konntet Ihr solch eine Schmach über Euch ergehen lassen? Wie kam es, dass er ohne zu kämpfen von dannen zog?"
„Wenn jemand kommt um dir ein Geschenk zu geben und du nimmst es nicht an", erwiderte der Meister, "wem gehört dann das Geschenk?"
Die Schüler antworteten: „Natürlich immer noch demjenigen, der es verschenken wollte."
Der Meister fuhr fort: „Und so ist es auch mit Wut, Neid und Hass. Wenn wir sie nicht annehmen, bleiben sie bei dem anderen." [35]

Eine sehr weise Frage!

Obwohl die Antwort darauf doch eigentlich sehr einfach ist - mal ehrlich, wenn wir sie gebrauchen könnten, fällt sie uns oft nicht ein.
Ich lasse mich ab und zu auch noch in Streit und Kampf mit reinziehen. Oder ärgere mich über Dinge, rege mich über das Verhalten meiner Mitmenschen auf...
Wenn dann der erste Unmut verflogen ist, bereue ich es jedes Mal...

Doch hin und wieder, wenn mir die Geschichte zur rechten Zeit ins Gedächtnis kommt, gelingt es mir, die Anfeindungen und Verletzungen meines Gegenübers oder meinen eigenen Zorn und meine Wut an mir abperlen zu lassen, wie Wasser an einer Lotusblume.

Das fühlt sich anfangs etwas merkwürdig an – man hat das Gefühl, ein Weichei, ein Duckmäuser oder ähnliches zu sein.

Aber das ist mitnichten so...

Es erfordert sehr viel mehr Stärke, Selbstbewusstsein und Mut, nicht auf alles wie ein wildgewordenen Eber zu reagieren, sondern ruhig und gelassen zu bleiben.

Auch auf die „Gefahr", von anderen für ein Feigling gehalten zu werden.

Meistens hilft es in einer aufgewühlten Situation nicht, selbst mit Zorn und Wut, Beleidigungen und Geschrei zu reagieren – das gießt nur noch mehr Öl ins Feuer... Es hilft uns nicht, für die Situation eine angemessene Lösung zu finden.

Denn ein aufgewühlter Geist ist wie Wasser in einem Teich...

> *„Wenn es aufgewühlt ist,*
> *ist es schwer, etwas zu erkennen.*
> *Wenn du aber zulässt,*
> *dass es sich beruhigt,*
> *liegt die Antwort klar vor deinen Augen.* "[36]
> Meister Oogway, Kung Fu Panda

Aber nicht nur die „Kunst des Nicht-Annehmens" auch die „Kunst des Annehmens" kann uns helfen. Annehmen, was wir eh nicht ändern können, den jetzigen Moment annehmen, wie er sich uns präsentiert. Egal ob „gut" oder „schlecht" – es hilft uns, wenn wir versuchen in jedem Augenblick, in jeder Situation, in jedem Ereignis, nach dem Positiven darin zu suchen. Nach der Botschaft, der Lehre, der Erkenntnis, die sie für uns bereithält...

Das hat nichts mit dem „Blick durch die rosarote Brille" zu tun, nichts mit „Schönfärberei" und schon gar nicht mit dem Verdrängen einer unangenehmen Situation...

Denn ich akzeptiere auch den „negativen" Part einer Lage – ich klammere mich aber nicht daran fest, sondern suche nach dem „Positiven" darin.

__„Alles ist wie es ist. Das ist keine Weisheit, sondern eine Wahrheit. Wie kann man dies ändern? Indem man es ändert. Aber auch dann ist alles wieder so, wie es ist."__
__Aus dem Zen-Buddhismus__

Und erst wenn ich es geschafft habe, auch einen schlechten Moment genießen zu können, kann ich auch mein Leben an sich genießen – und auch den Tod.

Wie die folgende alte Zen-Geschichte uns zeigt...

Die letzten Worte des Meisters
Eine Zen-Geschichte

Ein alter Zen-Meister lag im Sterben und seine ganzen Schüler hatten sich an seinem Sterbelager eingefunden, um ihrem weisen Lehrmeister die letzte Ehre zu.

Sein erster Schüler wusste noch, dass sein Meister eine Schwäche für eine spezielle Art kleiner, süßer Küchlein hatte.
Deshalb war er bereits am vorigen Tag auf dem Marktplatz gewesen um eines dieser Küchlein zu erwerben.
Ein müdes, aber dankbares Lächeln umspielte die alten Lippen des weisen Meisters, als sein erster Schüler, der auch stets der aufmerksamste war, ihm das kleine Backwerk überreichte.

Mit viel Mühe und zitternder Hand führte es der Meister zum Mund und kaute langsam. Alle seine Schüler sahen, dass seine Kräfte zusehends schwanden.

Ein anderer Schüler fragte traurig und mit leiser Stimme, ob ihr alter Zen-Meister noch eine letzte Weisheit oder Botschaft für sie habe.

Der Meister nickte angestrengt und hieß sie mit zittrigen Händen und schwacher Stimme näher kommen.

Die Schüler rückten gespannt ganz nahe um ihren Meister, um ja keine seiner letzten weisen Worte zu verpassen. Seine Stimme war nun kaum mehr als das Flüstern eines Geistes im Wind...

Mit seinem letzten Atemzug und einem zufriedenen Lächeln um die Lippen sprach der Meister "Diese Küchlein sind einfach wunderbar..." [37]

Keine Angst vor dem Tod

Eine sehr schöne Geschichte, denn sie erinnert uns daran, dass man selbst vor dem Tod keine Angst zu haben braucht, wenn man ein Leben in Aufmerksamkeit und Dankbarkeit den kleinen Dingen gegenüber gelebt hat.

Denn sie sind es schlussendlich, die unser Leben großartig machen.
Nur leider vergessen wir das viel zu häufig. Wir jagen oft dem großen Glück hinterher und verpassen, dadurch nicht nur die vielen kleinen schönen, glücklichen Momente, sondern auch unser Leben im Hier und Jetzt.
Und viele Menschen bereuen auf ihrem letzten Lager all die Dinge, die sich gemacht haben, weil sie denken jetzt sei alles vorbei.

Denn mit dem Tod endet ja schließlich alles – oder?

Ab wer wer weiß, vielleicht ist der Tod nur eine weitere Geburt...?

Gibt es ein Leben nach der Geburt?

Eine Geschichte, die nachdenklich stimmt

Ein ungeborenes Zwillingspärchen unterhält sich im Bauch seiner Mutter.

„Sag mal, glaubst du eigentlich an ein Leben nach der Geburt?" fragt der eine Zwilling.

„Ja, auf jeden Fall! Hier drinnen wachsen wir und werden stark für das, was draußen kommen wird", antwortete der andere Zwilling.

„Das ist doch Blödsinn", meint der erste. „Es kann kein Leben nach der Geburt geben, wie soll das denn bitteschön aussehen?"

„So ganz genau weiß ich das auch nicht. Aber es wird sicher viel heller sein als hier. Und vielleicht werden wir herum laufen und mit dem Mund essen."
„So einen Unsinn habe ich ja noch nie gehört. Mit dem Mund essen? Was für eine verrückte Idee. Es gibt doch die Nabelschnur, die uns ernährt. Und wie willst du denn herumlaufen? Dafür ist die Nabelschnur doch viel zu kurz."

„Doch, es wird bestimmt gehen, es ist eben dann alles nur ein bisschen anders."

„Du spinnst! Es ist noch nie einer zurückgekommen von „nach der Geburt". Mit der Geburt ist das Leben zu Ende. Punktum."

„Ich gebe ja zu, dass keiner richtig weiß, wie das Leben nach der Geburt aussehen wird. Aber ich glaube, dass wir dann unsere Mutter sehen werden und dass sie für uns sorgen wird."

„Mutter??? du glaubst doch wohl nicht an eine Mutter! Wo ist sie denn?"

„Na, hier - überall um uns herum. Wir leben in ihr und durch sie. Ohne sie könnten wir gar nicht sein!"
„Quatsch, von einer Mutter habe ich noch nie etwas bemerkt, also kann es sie auch nicht geben."

„Doch, manchmal, wenn wir ganz still sind, kannst du sie singen hören, oder spüren, wenn sie unsere Welt streichelt..." [38]

Still sein

Still sein – das ist in unserer hektischen Welt gar nicht mehr so einfach.

Ständig sind wir online – sei es auf der Arbeit, mit Computer, Laptop, Firmenhandy oder Telefon. Selbst in der Pause, die doch eigentlich der Erholung dienen sollte und in der wir ein wenig abschalten könnten, zücken wir unser privates Handy.

Mal eben schnell gucken was auf Facebook, Instagram und Co so los ist. E-Mail und Whatsapp Nachrichten checken oder einfach im Internet surfen oder daddeln.

Und neigt sich die Arbeitszeit dem Ende und es ist Zeit für den Feierabend – was machen wir da?

Anstatt Zeit mit unseren Liebsten zu verbringen oder einfach auch mal mit uns selbst – hetzen mittlerweile viele Menschen auch Privat von einem Termin zum nächsten.
Unser „privater" Terminkalender ist bald noch voller, als der auf der Arbeit.

Denn leider ist in der heutigen Gesellschaft der Irrglauben weit verbreitet, dass ein „gefüllter" Kalender auch ein erfülltes Leben bedeutet – dem ist in den meisten Fällen allerdings nicht so...

Zumindest nach meiner bescheidenen Erfahrung.

Zeit ist heute der neue Luxus – Zeit für Arbeit, für Familie, für Freunde und natürlich – Zeit für uns selbst (die Reihenfolge ist nicht zwingend so einzuhalten…).

Gönnen wir uns doch ab und zu mal ein klein wenig Zeit.

Zeit zum runterkommen, Zeit zum Verschnaufen, Zeit für uns, Zeit für unsere Familie und ganz wichtig Zeit für Stille.
Denn in der Stille finden wir Antworten, die uns ein hektisches Leben voller Termine, Verpflichtungen und Ablenkungen nicht geben kann.

> ***„Stille ist die Sprache Gottes. Alles andere ist eine schlechte Übersetzung"***
> *Eckart Tolle*

Zum Thema Zeit" fällt mir immer diese alte indianische Überlieferung ein, die ich gern mit dir teilen möchte…

Wozu brauchen wir die Zeit?

Eine indianische Geschichte

*D*amals, in den alten Tagen, brauchten wir sie nicht.
Wir richteten uns nach Aufgang und Untergang der Sonne.
Wir mussten uns niemals beeilen.
Wir mussten nicht zu einer bestimmten Zeit bei der Arbeit sein.
Wir brauchten nie auf die Uhr zu blicken.
Wir taten das, was getan werden musste, wenn uns danach war.
Aber wir achteten darauf, es zu tun, bevor der Tag zu Ende ging.
Wir hatten mehr Zeit, denn der Tag war noch ganz.

Scott Eagle [39]

Der Tag war noch ganz...

Also nicht unterteilt in Stunden, Minuten und Sekunden – in denen wir von einem Termin zum Anderen, von einer Aktivität zur nächsten hetzen und schon ein schlechtes Gewissen bekommen, wenn wir mal ein paar Minuten „unproduktiv", in Gedanken versunken, für uns und mit uns verbringen.

Dabei ist eine Rast zwischendurch so wichtig...

> *„Wir müssen von Zeit zu Zeit*
> *eine Rast einlegen und warten,*
> *bis unsere Seele uns wieder eingeholt hat."*
> *Indianische Weisheit* [40]

Die Zeit ist heutzutage fast schon zum heiligen Gral des Lebens geworden – alles muss getimed und getaktet sein.
Alles muss irgendwie messbar gemacht werden. Aber manches lässt sich nun mal nicht in starre Zeitvorgaben verpacken.

Höher – weiter – schneller - das ist das Motto unserer heutigen Gesellschaft.
Sei es privat oder beruflich.

Unsere moderne Technik lässt uns unsere Arbeit zwar wesentlich schneller erledigen, aber was machen wir mit der gewonnen Zeit?

Anstatt sie zur Erholung und Regenerierung zu nutzen, packen wir noch mehr in den Tag – wir können es ja jetzt – die Zeit haben wir...

Und so sehr ich auch mein Smartphone und die Erleichterung dadurch schätze, macht mir der rasante Fortschritt auf diesem Gebiet auch ein wenig Sorgen.

Denn er entfernt uns mitunter auch von unseren Nächsten, unseren Mitmenschen, da wir zu oft nur noch über Facebook, Twitter und Co kommunizieren, anstatt Face-to-Face [1], wie es so schön im Neu-Deutsch heißt

Viele Menschen nehmen sich nicht mehr die Zeit, mal in Ruhe mit Freunden zu quatschen, ein Bierchen zu trinken, zu diskutieren, zuzuhören – Anteil zu nehmen, an dem Schicksal und den Geschichten seiner Mitmenschen.
Die Zeit vergeht so rasend schnell, weil wir uns keine Zeit mehr zum „Verschnaufen" gönnen – Zeit einfach nur zu sein...
Hektik und Geschwindigkeit – das sind die Maxime unseres Lebens.

Aber von meiner Oma habe ich gelernt, dass nicht in der Hektik, sondern in der Ruhe die Kraft liegt...!

Und daran sollten wir uns öfter mal wieder erinnern - in meinen Augen heute mehr denn je...

---

[1] von Angesicht-zu-Angesicht, persönlich, Anm. d. Autors

Vielleicht sollten wir unser Handy oder Smartphone öfter mal zur Hand nehmen, um reale Treffen, im richtigen Leben zu arrangieren – in aller Ruhe und Gelassenheit, wie es früher so schön hieß...

Anstatt ständig zu beschleunigen und auf der Überholspur zu fahren, sollten wir öfter mal einen Gang zurückschalten.

Wie sagte Klaus Engel, Vorstandschef von Evonik, einmal so schön in einem Interview:
„Geschwindigkeit kann eine feine Sache sein. Es ist sogar möglich sich an ihr zu berauschen. Tatsächlich aber hat Geschwindigkeit für sich genommen keinen eigenen Wert...
Sie ist nur ein Instrument, das dazu dient, Ziele zu erreichen – und auf die kommt es in Wahrheit an.
Bei privaten und beruflichen Entscheidungen ist die richtige Richtung, das richtige Ziel entscheidend. Wer sich auf den Weg macht, der sollte wissen, wohin er will...

Tatsächlich aber gibt es in unserer Gesellschaft den starken Trend, möglichst wenig inne zu halten, immer in Bewegung zu bleiben, auf alles und jedes sofort und unmittelbar eine Antwort liefern zu müssen.

Ich persönlich halte diese Entwicklung für bedenklich, denn wir nehmen uns damit Chancen.

Nachdenklichkeit oder sogar Muße – diese Begriffe klingen heute vielleicht etwas altmodisch und ange-

staubt. Doch für längerfristigen Erfolg sind sie unabdingbar.
Entscheidend ist eben nicht nur, wer am schnellsten unterwegs ist, sondern auch, wer am richtigen Ziel ankommt.
Ohne Momente der Orientierung, ohne Phasen des Innehaltens und des Nachdenkens kann das auch dem besten Vordenker nicht gelingen. Wir sollten Rastlosigkeit nicht mit Effizienz verwechseln!"

Und Oliver Blume, Porsche Chef, bringt es noch deutlicher auf den Punkt:

> **„Nur wer zur Ruhe kommen kann,**
> **entwickelt auch neue Energie.**
> **Beschleunigen ist für mich deshalb**
> **genauso wichtig wie entschleunigen!"** [41]

Manches braucht eben Zeit zum Wachsen und um sich zu Entwickeln – dieses „Gesetz" gilt nicht nur in der Natur...

Auch gute Ideen und Innovationen brauchen Zeit zum reifen.
Genauso wie wir – denn

> **„Wer ständig „unter Strom steht" steht,**
> **kann leicht mal „ausbrennen..."**
> **Jörg Banisch**

Wir verlieren nicht *nur* den Bezug zu unserer Umgebung und zu uns selbst – sondern auch zum echten Leben.

> **„Wer mit dem Kopf durch die Wand will,**
> **sollte sich vorher fragen,**
> **was er im Nebenzimmer will.“**[42]

Also stelle dir selbst mal die Frage, muss es immer höher, weiter, schneller sein?
Immer mehr Besitz, mehr Ansehen, mehr Geld, mehr Ruhm, mehr …?

Oder reicht auch das, was wir bereits haben?

Vielleicht kann dir die nächste Geschichte „Vom Fischer und dem Geschäftsmann" ein wenig bei der Beantwortung behilflich sein…

Der Fischer und der Geschäftsmann
Eine Spanische Geschichte

*E*in Geschäftsmann machte mit seiner Familie Urlaub in einem kleinen idyllischen Fischdorf in Spanien.
Eines Morgens ging er nach dem Frühstück allein am Strand spazieren.
Neben einem kleinen Pier, der vor einem kleinen Haus ins Meer ragte, machte er Rast im Sand und schaute gedankenverloren auf das Meer.

So bemerkte er zuerst auch den Fischer nicht, der mit seinem Boot, am Pier anlegte.

Erst als dieser ihn ansprach, bemerkte er ihn und sein Boot, in dem einige riesige Fische lagen.
Die beiden Männer kamen ins Gespräch, als der Banker dem Fischer zu seinem prächtigen Fang gratuliert hatte.

Der Geschäftsmann wollte von dem Fischer wissen, wie lange er denn schon draußen auf dem Meer war, den sein Fang war wirklich gut und reichhaltig.

„Nicht sehr lange, ein paar Stunden vielleicht", entgegnete der Fischer.
„Herrscht hier Fischknappheit oder gibt es Fangbeschränkungen?" wunderte sich der Banker, „oder warum fangt ihr nicht mehr Fische?"

„Die Fische reichen, damit meine Familie und ich für die nächsten Tage versorgt sind", erwiderte der Fischer, „ich brauche also nicht länger auf See zu bleiben."
Immer noch nicht ganz verstehend fragte der Geschäftsmann weiter „Aber was macht ihr mit dem Rest des Tages, wenn ihr jetzt nicht mehr fischen geht? Es ist doch gerade einmal Mittagszeit."

Ich will euch gerne meinen gewöhnlichen Tagesablauf erläutern", antwortete der Fischer freundlich. Und mit einem zufriedenem Lächeln und glänzenden Augen fuhr er fort: „Morgens schlafe ich aus und nach dem Frühstück mit meiner Familie gehe ich wenig fischen. Wenn ich wieder daheim hin, spiele ich mit meinen Kindern und dann essen wir zusammen zu Mittag.
Im Anschluss machen meine Frau und ich eine kleine Siesta oder ich gehe ins Dorf spazieren. Dort treffe ich mich mit meinen Freunde auf ein Glas Wein und wir spielen zusammen Gitarre oder unterhalten uns bis in die Nacht."

Der Banker erwiderte: „Wenn sie möchten, könnte ich ihnen ein wenig behilflich sein. Ich habe Wirtschaftswissenschaften studiert und kenne mich mit Firmenwachstum und Investitionen aus…"

Ohne eine Antwort des Fischers abzuwarten fuhr der Banker fort und man sah er war voll in seinem Element.

„Sie sollten mehr Zeit auf dem Meer verbringen und mehr Fische fangen. Diese verkaufen Sie dann auf dem Fischmarkt und den Gewinn investieren Sie in den Kauf eines neuen, größeren Bootes. Mit diesem Boot würden sie auch mehr Fische fangen und eine kleine Flotte mit Fischerboten erwerben. Statt Ihren Fang hier auf dem Markt zu verkaufen, könnten Sie Ihre Fische direkt an eine Fabrik verkaufen und durch den Gewinn eine eigene Fischverarbeitungsfabrik eröffnen. Sie könnten dann die Produktion, Verarbeitung und Vertrieb der Fische selbst kontrollieren. Dank des ganzen Geldes, was sie verdienen, könnten Sie dieses kleine Fischerdorf verlassen und in eine Großstadt ziehen. Von dort könnten Sie dann Ihr erfolgreiches Unternehmen leiten und erweitern. Na was sagen Sie?", strahlte der Banker ob seiner, in seinen Augen großartigen Ansprache.

Der Fischer schaute ein wenig irritiert und verwundert „Wie lange würde das alles denn dauern?"

„Ach – nur so um die 15 bis 20 Jahre", erwiderte der Banker strahlend.

„Und was dann...?" fragte der Fischer, immer noch wenig überzeugt.

„Und was dann?" echote der Banker und schaute den Fischer vielsagend an.

„Dann kommt das allerbeste! Mit ihrem erfolgreichen Geschäft können Sie an die Börse gehen, ihre Geschäftsanteile verkaufen und Millionen verdienen."

„Millionen verdienen?" echote nun der Fischer und skeptisch fragte er weiter „und was dann?"

„Dann können Sie aufhören zu arbeiten", freute sich der Banker, der den mittlerweile mitleidigen Blick des Fischers gar nicht bemerkte.
Er war viel zu sehr mit sich und seinem Konzept beschäftigt. „Kaufen sich in einem kleinen Fischerdorf an der Küste ein schnuckeliges kleines Haus. Und dann können Sie morgens ausschlafen, gehen nach dem Frühstück vielleicht ein wenig fischen, spielen mit Ihren Kindern und machen nachmittags mit Ihrer Frau eine kleine Siesta.
Oder sie gehen ins Dorf und genießen ein Glas Wein mit Freunden."

Nachdenklich und lange schaut der Fischer dem Banker in die Augen.
„Aber all das tue ich jetzt auch schon jeden Tag…" erwidert er dann und lässt den Banker am Pier zurück.[43]

Und auch die nachfolgende Geschichte vom reichen Mann und seinem Sohn zeigt sehr schön, dass Reichtum und Macht nicht alles im Leben sind…

Arme Leute
Eine weise Geschichte

*E*ines Tages unternahmen ein sehr wohlhabender Mann und sein Sohn eine Reise auf's Land.

Der Vater wollte seinem Sohn, dem nicht so viel an Reichtum lag, sondern mehr daran das Leben selbst zu genießen, zeigen wie arme Leute leben. Er wollte ihm zeigen, wie gut er es doch hatte mit all dem Reichtum und ihm eine kleine Lektion erteilen.

Vater und Sohn verbrachten einen ganzen Tag und eine ganze Nacht auf einer Farm einer sehr armen, aber fröhlichen und glücklichen Familie.

Als sie sich am nächsten Morgen wieder auf den Heimweg machten, wollte er wissen, ob sein Sohn die Lektion auch gelernt habe, die er ihm beibringen wollte – nur Reichtum macht froh und glücklich. Denn das war es, was der Vater von seinem Vater gelernt hatte und was zu seiner Lebensmaxime geworden war.

Also fragte er seinen Sohn: "Wie hat dir dieser Ausflug gefallen, mein Sohn?"

"Sehr interessant!" antwortete der Sohn begeistert.

"Und hast du gesehen, wie arm Menschen sein können?" vergewisserte sich der Vater.

"Oh ja, Vater, das habe ich wahrhaftig gesehen. Und ich danke dir von ganzen Herzen für diese Lektion. Ich werde sie mein Lebtag nicht vergessen."

"Was hast du also heute gelernt?" hakte der Vater neugierig und hoffnungsvoll nach.

Aber nichts auf der Welt hätte den Vater wohl sprachloser machen können, als die Antwort, welche er nun von seinem Sohn erhielt:

"Ich habe gelernt", erwiderte der Sohn nachdenklich, „dass diese Farmleute vier Hunde auf ihrer Farm haben, wir hingegen haben nur einen Hund. Sie haben einen großen See direkt an ihrem Grundstück, der schier unendlich zu sein scheint, wir hingegen haben nur einen Swimmingpool, der bis zur Mitte unseres Gartens reicht.
Sie haben den Sternenhimmel direkt über ihrem ganzen Grundstück, wir hingegen haben nur ein paar prächtige Lampen in unserem Garten.
Unsere Terrasse reicht bis zum Vorgarten und sie haben den ganzen Horizont."

Noch ehe der Vater etwas erwidern konnte, sprach der Sohn mit größter Überzeugung und Dankbarkeit in der Stimme weiter.

„Danke Vater, dass du mir gezeigt hast, wie arm wir sind…!"

Der Vater war sprachlos, ob der Rede seines Soh-
nes, damit hatte er nun ganz und gar nicht gerech-
net.

Sie hatte ihn nicht nur beschämt, sondern auch ein
wenig nachdenklich gestimmt... [44]

Arme Leute ...?

Die Geschichte „Arme Leute" inspirierte mich zum Umdenken.

Dazu, einmal darüber nachzudenken, ob das, was wir in unserem Leben bisher gelernt haben wirklich den Tatsachen entspricht.

Sind die gut gemeinten Ratschläge unserer Freunde und Familie, unsere eigenen gemachten Erfahrungen, unsere Glaubenssätze und Meinungen wirklich der Weisheit letzter Schluss?

Oder gibt es auch immer eine oder vielleicht auch mehrere andere mögliche Perspektiven und Sichtweisen? Und sind diese eventuell genauso richtig wie unsere eigenen?
Oder vielleicht sogar noch schöner, „besser" beziehungsweise treffender?

Die nachfolgende Geschichte ist eine sehr schöne Inspiration zum Umdenken...

Die sieben Weltwunder
Eine Geschichte zum Umdenken

Eines Tages bat eine Lehrerin ihre Klasse zu notieren, was für sie die Sieben Weltwunder wären.
Die Schülerinnen und Schüler machten sich an die Aufgabe und listeten diverse bekannte und imposante Bauwerke aus verschiedenen geschichtlichen Epochen auf.

Als die Lehrerin durch die Reihen ging um zu schauen, was die Studentinnen und Studenten denn so notierten, kristallisierte sich die folgende Liste heraus:

1. Pyramiden von Gizeh
2. Taj Mahal
3. Die hängenden Gärten von Babylon
4. Der Koloss von Rhodos
5. Machu Picchu
6. Golden Gate Bridge in San Francisco
7. Chinesische Mauer

Als die Zeit für die Aufgabe sich dem Ende neigte, ging die Lehrerin von Tisch zu Tisch, um die Notizen der Schülerinnen und Schüler einzusammeln.
Dabei bemerkte sie, dass eine Studentin noch grübelnd beim Erstellen ihrer Liste war.
Sie fragte die junge Frau, ob sie Probleme mit der Aufgabe oder dem Erstellen ihrer Liste hätte, und ob sie vielleicht Hilfe benötige.

"Ja. Ich konnte meine Entscheidung nicht ganz treffen" gab die junge Studentin zögerlich zur Antwort.

„Es gibt doch so viele Wunder."

„Na, dann lesen Sie doch mal vor, was Sie bist jetzt aufgeschrieben haben" erwiderte die Lehrerin aufmunternd. „Vielleicht können wir Ihnen ja helfen..."

Die junge Frau wurde verlegen und traute sich zuerst nicht. Nach ein paar aufmunternden Worten ihrer Klassenkameradinnen und Klassenkameraden begann sie aber dann doch zögerlich vorzulesen:

„Für mich sind das die Sieben Weltwunder:

1. *Sehen*
2. *Hören*
3. *Riechen*
4. *Berühren*
5. *Fühlen*
6. *Lachen ...*
7. *... und lieben."*

In der Klasse wurde es ganz still... [45]

Mehr als eine Wahrheit

Diese kurze Geschichte zeigt sehr schön, dass es nicht nur eine Wahrheit gibt, auch wenn diese von den meisten Menschen vertreten wird.

Und sie lehrt uns, das verschiedene Sichtweisen, andere Denkrichtungen und andere Blickwinkel, nicht nur genauso Gültigkeit besitzen, wie unsere eigenen, sondern auch die Kraft besitzen, schöner oder besser zu sein.

Besser in der Hinsicht, dass sie uns aus unseren gewohnten Trott herausholen, uns zum Nachdenken anregen.

Uns die Chance geben die Welt, unsere Welt, einmal mit anderen Augen und anderen Ideen und Gedanken zu betrachten.

Und anstatt andere Meinungen im Vorfeld abzulehnen, sollten wir uns selbst öfter die Möglichkeit geben, aus ihnen etwas zu lernen.

Denn sie helfen uns nicht nur, unser Denken flexibel zu halten...

Oft haben sie auch die Kraft, unser Grunddenken über unser Leben, unsere Umwelt, unseren Mitmenschen und nicht zuletzt auch über uns selbst positiv zu verändern.

Betrachte bei deinem nächsten Meeting, Familientreffen, deinem nächsten Gespräch die Meinungen anderer

nicht als einen persönlichen Angriff oder glaube, dass du deswegen im Unrecht bist.
Betrachte sie als das, was sie sind – ein Geschenk und eine Möglichkeit.

Und glaube nicht, dass die „Anderen" dich mit ihren anderen Meinungen, Ansichten und Wahrheiten nur ärgern wollen, denn vielleicht gibt es die „Anderen" gar nicht…
Vielleicht ist es auch eher so wie in unserer nächsten Erzählung.

Diese Geschichte hat das Potenzial deine Sichtweise auf deine Mitmenschen komplett auf den Kopf zu stellen.

Du wirst viele Dinge aus einer anderen Perspektive sehen – versprochen.
Du wirst dein eigenes Leben nie wieder auf die gleiche Art und Weise betrachten.

Wie ich das wissen kann…?

Nun…

Erstens war es bei mir so… und zweitens – ach nein ich lasse dich lieber selbst die Erfahrung machen…

Viel Spaß…

DAS EI

Eine göttliche Geschichte

D U BIST GESTORBEN.
u warst auf deinem Weg nach Hause, als du
gestorben bist.
Es war ein Autounfall, nichts Besonders, aber
trotzdem tödlich.
Du hast eine Frau und zwei Kinder hinterlassen.
Es war ein schmerzloser Tod.
Die Rettungssanitäter versuchten alles, um dich zu
retten, aber ohne Erfolg.
Dein Körper war völlig zerschmettert und du bist
somit tot besser dran, vertrau mir...

Und da hast du mich getroffen.

„Was... was ist passiert?" hast du gefragt. „Wo bin
ich?"
„Du bist gestorben", stellte ich möglichst sachlich
fest.
„Es war ein... Lastwagen und er schleuderte...",
begannst du dich zu erinnern.
„Ja", entgegnete ich.
„Ich... ich bin wirklich gestorben?", krächzt du
hervor.
„Ja, aber fühle dich deswegen nicht schlecht. Jeder
stirbt einmal", erklärte ich.

Du hast dich umgesehen.
Es war alles leer. Nur du und ich.

„Was ist dieser Ort?" flüstertest du. „Ist das das Jenseits?"

„Mehr oder weniger", erwiderte ich kurz.

„Bist du Gott?" fragtest du.

„Ja", erklärte ich. „Ich bin Gott."

„Meine Kinder und meine Frau...", sagtest du.

„Was ist mit denen?"

„Werden sie in Ordnung sein?"

„Das sehe ich gerne..." sagte ich, „...du bist gerade gestorben und dein Hauptanliegen ist deine Familie. Das ist gut so."

Sprachlos und mit Faszination schautest du mich an.

Für dich sah ich nicht aus wie Gott.
Ich sah nur aus wie ein normaler Mann oder vielleicht wie eine Frau.
Das Aussehen mehr wie ein Lehrer, als wie der Allmächtige.

„Mach dir keine Sorgen" sagte ich.
„Es wird ihnen gut gehen. Deine Kinder werden dich als perfekt in Erinnerung haben in jeder Hinsicht.
Deine Frau wird nach außen hin trauern und weinen, aber heimlich ist sie erleichtert", erklärte ich dir.
„Um fair zu sein, deine Ehe war am zerbröckeln. Wenn es ein Trost ist, sie wird sich sehr schuldig dafür fühlen, dass sie sich erleichtert fühlt."

„Oh" sagtest du ein wenig enttäuscht. „... und was passiert jetzt? Gehe ich in den Himmel oder die Hölle?"

„Weder noch" erwiderte ich. "Du wirst wieder geboren werden."

„Ah", murmeltest du nachdenklich und geistesabwesend. „... dann hatten die Hindus also recht."

„Alle Religionen haben auf ihre eigene Weise recht" sagte ich. „... geh mit mir."

Du folgtest mir, als wir durch die Leere schritten.

„Wohin gehen wir?", wunderst du dich.

„An keinen bestimmten Ort" sagte ich. „... Es ist einfach schön, ein paar Schritte zu gehen, während wir miteinander sprechen."

„Was ist denn der Sinn darin?" fragtest du.

„Wenn ich wieder geboren werde, werde ich nur eine leere Tafel sein, richtig? Ein Baby. Alle meine Erfahrungen und alles, was ich in diesem Leben gemacht und gelernt habe, werden unwichtig sein." Dieser Gedanke machte fast ein bisschen wütend... oder traurig?

„Es ist nicht ganz so", erklärte ich. „Du hast in deinem Innern alle Kenntnisse und Erfahrungen aller vergangenen Leben. Du erinnerst dich einfach gerade nicht an sie."

Ich hörte auf zu gehen und nahm dich bei den Schultern.

„Deine Seele ist prächtiger, schöner und gigantischer als du dir vorstellen kannst", erkläre ich dir begeistert.

„Ein menschlicher Geist kann allerdings nur einen winzigen Bruchteil dessen enthalten, was du bist. Es ist etwa das gleiche, wie deinen Finger in ein Glas Wasser zu stecken um zu sehen, ob es heiß oder kalt ist" fahre ich fort. „Du legst einen kleinen Teil von dir selbst in das Gefäß, und wenn du diesen kleinen Teil wieder herausziehst, hast du alle Erfahrungen gewonnen, die das Gefäß beinhaltete."

„Was soll das bedeuten?" fragtest du verwirrt, „ich verstehe das nicht so ganz."

„Du warst in den letzten 48 Jahren ein Mensch, also hast du dich noch nicht ausgedehnt und den Rest deines unermesslichen Bewusstseins noch nicht gefühlt", erklärte ich dir. „Wenn wir hier draußen lange genug verweilen, würdest du anfangen, dich an alles zu erinnern. Aber es macht keinen Sinn, das zwischen jedem Leben zu machen", schließe ich meine Ausführungen.

„Wie oft wurde ich dann wieder geboren?", fragtest du mich.

„Oh sehr oft. In vielen verschiedenen Leben" sagte ich. „Dieses Mal wirst du ein chinesisches Bauernmädchen im Jahre 540 n.Chr. Sein.", grinste ich.

"Warte, was?" hast du gestottert. "Du schickst mich zurück in der Zeit?"

"Nun, technisch gesehen ja. Zeit, wie du sie kennst, existiert nur in deinem Universum. Die Dinge sind anders da, wo ich herkomme", entgegne ich dir.

„Woher kommst du?" hast du gefragt.
"Ich komme von irgendwo. Irgendwo anders. Und es gibt auch andere wie mich."

„Ich weiß, dass du wissen willst, wie es dort ist, aber ehrlich gesagt, würdest du das nicht verstehen", antworte ich auf deine ungestellte Frage.
„Oh", murmeltest du ein wenig enttäuscht,
„…aber warte. "Wenn ich an andere Orte zurück in der Zeit reinkarniert werde, dann könnte ich irgendwann mit mir interagiert haben", beginnst du verwundert zu verstehen.

„Sicher. Passiert die ganze Zeit. Und mit beiden Leben, nur bewusst von deiner eigenen Lebensdauer, weißt du nicht einmal, dass es passiert ist", erwidere ich.

„Was ist dann der Sinn von all dem", fragst du verwundert.
„Ernsthaft?" fragte ich. "Ernsthaft? Du fragst mich nach dem Sinn des Lebens", lachte ich. „Ist das nicht ein wenig stereotypisch?"
"Nun, es ist eine vernünftige Frage" hast du bestanden.

ICH SCHAUTE DIR LANGE UND TIEF IN DIE AUGEN.

„Der Sinn des Lebens, der Grund warum ich das ganze Universum gemacht habe – bist du. Ich habe es nur für dich gemacht. Damit du wachsen und reifen kannst."

„Du meinst die Menschheit? Du willst, dass wir reifen" haktest du ungläubig nach.

„Nein, nur DU. Ich habe dieses ganze Universum für Dich gemacht. Mit jedem neuen Leben wächst du und reifen du und wirst ein größerer und größerer Intellekt."
„Nur ich? Was ist mit allen anderen?", fragtest du verwundert

„Da ist niemand" sagte ich. „ ...in diesem Universum gibt es nur dich und mich."

Du starrtest mich an: „Aber alle Menschen auf der Erde..."
„Das sind alles verschiedene Inkarnationen von DIR."
„Warte. Ich bin alle!?", riefst du ungläubig aus.
„Jetzt schnallst du es langsam" sagte ich mit einem Glückwunsch-Klaps auf deinen Rücken.

„Ich bin jeder Mensch, der jemals gelebt hat?"
„Oder der je leben wird, ja."
„Ich bin Abraham Lincoln?"
„Ich bin Hitler?" sagtest du entsetzt.
„Und du bist die Millionen, die er getötet hat"
„Ich bin Jesus?"

„Und du bist alle, die ihm folgten."

Du verstummtest…

„Jedes Mal, wenn du jemanden opferst" sagte ich, "bist du dir selbst zum Opfer gefallen. Jeder Akt der Freundlichkeit, den du getan hast, hast du zu dir selbst getan. Jeder glückliche und traurige Moment, den jeder Mensch je erlebt hat, wurde oder wird von DIR erlebt."

DU DACHTEST NACH FÜR EINE LANGE ZEIT.

„Warum?" fragtest du mich. „Warum das alles?"

„Weil du eines Tages wie ich wirst. Denn das ist genau das, was du bist. Du bist einer von meiner Art. Du bist mein Kind."
„Wow" sagtest du ungläubig. "Du meinst, ich bin Gott?"
„Nein, noch nicht. Du bist ein Fötus. Du bist noch immer am Wachsen. Sobald du jedes menschliche Leben durch alle Zeiten gelebt hast, wirst du genug gewachsen sein, um geboren zu werden…"

„Also das ganze Universum" sagtest du, „…es ist…"
„Ein Ei" antwortete ich.
„Aber genug jetzt… Es ist Zeit für dich, in dein nächstes Leben weiterzugehen…"

UND ICH HABE DICH AUF DEINEN WEG GESCHICKT.

Und hatte ich recht...?

Ich glaube, es ist unvermeidlich, darüber nachzudenken, wenn du das nächste Mal einen „anderen Menschen" triffst – oder eine deiner vielen verschiedenen Inkarnationen...

Ich habe angefangen mich zu fragen: "Kann das sein? Kann ich wirklich meine Mutter oder mein Vater, mein Bruder, meine Schwester, mein Kind, meine Frau und mein bester Freund sein? Mein Onkel, meine Oma, mein Kollege, mein Chef?"

Du wirst darüber nachdenken, wenn du mit ihnen sprichst. Und du wirst darüber nachdenken, wie du mit ihnen sprichst. Denn es könnte ja möglich sein, dass du mit dir selbst sprichst...

Bedenke dies jedes Mal, bevor du mit jemanden herablassend sprichst oder deine Mitmenschen nicht wertschätzend behandelst.

„Jeder Akt der Freundlichkeit, den du getan hast, hast du zu dir selbst getan. Jeder glückliche und traurige Moment, den jeder Mensch je erlebt hat, wurde oder wird von DIR erlebt."

Du könntest der Mensch sein, mit dem du gerade interagierst...

Der mürrische oder freundliche Kellner, die Kassiererin im Supermarkt, die Sprechstundenhilfe, der Gärtner, die Nachbarin.

Der Autofahrer, der dich gerade hupend überholt hat, der Polizist, der dir einen Strafzettel ausstellt, die alte Dame, die Hilfe braucht, der Obdachlose, der nach Almosen bittet.

Du wirst dich und deine Handlungsweisen in Frage stellen, deine Gedanken, deine Verhaltensmuster...

Das ist nicht nur in Ordnung, das ist gut so!
Hinterfrage alles.

Fang an, alles was dir „zustößt" unter diesem Aspekt zu sehen. Dem Aspekt, dass du dir vielleicht gerade selbst gegenüber stehst...

Ich verspreche dir, vieles in deinem Leben wird eine neue Bedeutung bekommen.

Und egal, ob diese Geschichte nur ausgedacht ist oder auf einer wahren Begebenheit beruht... es ist nicht die Geschichte, die zählt.
Das was zählt ist, was diese Geschichte aus dir macht!

Weißt du, warum sie mir so gefällt?

Sie gefällt mir, weil sie mich daran erinnert, immer freundlich, respektvoll und wertschätzend mit mir umzugehen...
Selbst wenn ich mir in der Gestalt eines Menschen begegne, den ich nicht mag oder der mich nicht so behandelt.

Denn wer weiß, vielleicht begegne ich mir tatsächlich immer selbst. Und zu sich selbst sollet man stets freundlich sein – oder meinst du nicht?

Die Geschichte hat die Kraft, nicht nur die Welt freundlicher zu machen, sie macht es auch vollkommen überflüssig sich über jemand anderen zu ärgern, jemand anderen zu verurteilen oder sauer auf ihn zu sein, vor jemand anderen Angst zu haben - schlussendlich bin ich es ja selbst, der da vor mir steht...

Wie ich finde ein schöner Gedanke – oder?

Die nächste Kurzgeschichte passt sehr schön in diesen Kontext, denn sie zeigt uns, dass wir nie wissen können, wem wir am Tag so begegnen...

Mit Gott zu Mittag gegessen...

Noch ein göttliche Geschichte

Es war einmal ein kleiner Junge, der unbedingt den lieben Gott treffen wollte.
Er hatte sich einen Rucksack mit einigen Cola-Dosen und einigen Schokoriegeln als Proviant gepackt, da er gehört hatte, dass der Weg zum lieben Gott sehr lang sei.
So vorbereitet und gut versorgt, machte er sich auf die Reise.

Nachdem er schon eine Weile gelaufen war, kam er in einen kleinen Park. Dort sah er eine alte Frau auf einer Bank sitzen und den Tauben zuschauen, welche vor ihr auf der Erde nach Futter suchten.

Der kleine Junge beobachtete die Frau und die Tauben eine Weile, dann beschloss er, sich ein wenig auszuruhen und zu stärken für den sicherlich noch langen Weg zum lieben Gott.

Er setzte sich zu der Frau auf die Bank und öffnete seinen Rucksack, um sich eine Dose Cola herauszunehmen.
Die alte Frau sah ihn verstohlen und hungrig von der Seite an.
Der Junge holte nun anstatt der Dose einen Schokoriegel aus dem Rucksack und bot ihn der alten Frau an, denn er hatte ihren hungrigen Blick bemerkt.

Dankbar lächelnd nahm sie den Schokoriegel entgegen, als sie den ersten Biss genommen hatte, lächelte sie glückselig.
Und der kleine Junge fand, das war das schönste Lächeln, das er je gesehen hatte.
In der Hoffnung noch einmal dieses Lächeln sehen zu dürfen, bot der Junge ihr auch noch eine Dose Cola an.
Die alte Frau nahm auch die Dose gerne an – und lächelte nun noch mehr als zuvor.

Die beiden saßen glücklich und selig den ganzen Nachmittag lang auf der Bank im Park, aßen die Schokoriegel und tranken Cola - aber sprachen kein Wort.

Langsam wurde es dunkel und der kleine Junge war so müde, dass er nur noch nach Hause wollte.
Er stand auf, umarmte die alte Frau, die ihm dafür ihr allerschönstes Lächeln schenkte, und ging nach Hause.

Zu Hause wartete seine Mutter schon auf ihn und als sie die Freude auf seinem Gesicht sah, fragte sie verwundert: "Was hast du denn heute Schönes erlebt, dass du so fröhlich und glücklich aussiehst?"
Und der kleine Junge antwortete: "Ich habe mit Gott zu Mittag gegessen - und sie hat ein wundervolles Lächeln!"

Auch die alte Frau war nach Hause gegangen, wo ihr Sohn schon auf sie wartete. Auch er fragte sie, warum sie so fröhlich aussah.
Und sie antwortete: "Ich habe heute mit Gott zu Mittag gegessen - und er ist viel jünger, als ich gedacht habe." [46]

Tu was

Du siehst, man muss nicht immer groß sein oder besonders reich, oder erwachsen, um jemand anderem eine Freude oder ein Geschenk machen zu können.

Jeder kann zum Wohle der Gesellschaft und zur Verbesserung der Welt beitragen – egal ob Jung oder Alt, ob reich oder arm, ob groß oder klein....

Wir alle haben die Chance, unsere Umwelt und vielleicht sogar unsere Mitmenschen, positiv zu beeinflussen.

Und dabei kommt es nicht immer nur auf äußere Stärke oder Größe an, sondern allein auf unsere innere Größe und Stärke – und auf das, was wir bereit sind für uns und andere zu tun.

Die nachfolgende indianische Weisheit vom kleinen Kolibri verdeutlicht das sehr anschaulich...

Jeder kann etwas bewirken, solange er nur will...

Ich tue was ich kann

Eine indianische Legende

*E*ines Tages brach in einem wunderschönen, dichten Wald ein Feuer aus. Die Tiere flüchten voll Panik aus dem und sammelten sich davor auf einer Wiese um einen Teich, um zu verschnaufen.

Starr und ohnmächtig vor Angst konnten sie vom Teich aus nur zusehen, wie das Feuer immer mehr und mehr um sich Griff, und mehr und mehr von ihrem geliebten Wald verbrannte.

Einige Tiere traten schon die Flucht an, weil sie fürchteten auch auf der Wiese nicht sicher zu sein.

Nur ein kleiner Kolibri flog immer wieder mit vollem Schnabel vom Teich zum Wald und wieder zum zurück zum Feuer, wo er das Wasser aus seinem Schnabel in die Flammen fallen ließ.

Das Eichhörnchen beobachtet den Kolibri eine Weile, dann sagte es völlig zornig und fassungslos: „Was machst du da Kolibri? Bist du verrückt? So wirst du das Feuer niemals löschen!"

Der Kolibri hielt kurz inne, blickte dem Eichhörnchen in die Augen und erwiderte: "Du hast Recht Eichhörnchen, das kann ich wahrscheinlich nicht. Aber ich tue, was ich tun kann...!"

*Dann flog er wieder zum Teich um neues Wasser
zu holen und flog zurück zum brennenden Wald.*

*Angesteckt vom Mut und vom Durchhaltewillen
des Kolibri fingen nun auch die anderen Tiere an
Wasser aus dem Teich zu schöpfen und damit das
Feuer im Wald zu löschen. Erst nur wenige und
zögerlich, aber schließlich halfen alle, auch das
Eichhörnchen...* [47]

Mut und Entschlossenheit

Die vorangegangene indianische Weisheit verdeutlicht sehr schön, dass man mit Mut, Entschlossenheit und eisernen Willen nicht nur selbst zur Verbesserung seiner Umgebung und seiner Umwelt beitragen, sondern auch andere Menschen durch Vorbild inspirieren kann.

Nicht durch Resignation oder „...ich kann ja doch nichts tun..", verändert sich eine Situation, sondern durch handeln und anpacken.

Nicht dadurch, dass ich anderen Menschen sage, dass sie es sowieso nicht schaffen, motiviere ich sie oder verändere eine missliche Lage.

Allein durch meine eigenen Handlungen kann ich meine Lebenssituation, eine missliche Lage, ein „Problem" verbessern oder verändern.

Und der Anfang einer jeden Veränderung muss und kann nur an einer Stelle passieren – bei mir.

Ich kann mich nicht „raushalten" und erwarten, dass sich alles zum Positiven wendet.

Das heißt, ich kann natürlich schon – aber entweder muss ich dann eventuell mein ganzes Leben darauf warten oder, was noch wahrscheinlicher ist, es passiert gar nichts.

Also höre auf, die Antwort auf deine „Probleme" oder die Schuld für deine Lebensumstände bei jemand anderem zu suchen und fang stattdessen an, dein Leben selbst in die Hand zu nehmen.

Denn wenn du bereit bist, ist auch das Leben bereit.

> *„Glück ist das, was passiert,*
> *wenn Vorbereitung auf Gelegenheit trifft."*
> *Lucius Annaeus Seneca*

Wie die nachfolgende Geschichte vom „Bewerberglück" zeigt...

Die Geschichte geht darum, wie wir persönlich durchs Leben gehen.
Eher positiv, aufmerksam und „allzeit bereit" oder eher negativ, in meiner Opferrolle gefangen, unaufmerksam und abwartend, was denn da kommen mag.

Bewerberglück?
Eine amerikanische Geschichte

Die nachfolgende Geschichte soll sich wirklich so zugetragen haben. Im New York das anfänglichen 20. Jahrhunderts.

Im New York Ender der 1920er Jahre herrschte bekanntlich große Arbeitslosigkeit. Deshalb war es auch kein Wunder, das sich etliche Bewerber auf eine, von der Telegrafen¬Firma „Western Union Telegraph Company" ausgeschriebene, Stelle als Morse-Operator bewarben.
Damals wurden die neuesten Nachrichten mit Hilfe
eines Apparates übermittelt, den Samuel Morse im Jahr 1833 entwickelt hatte.
In der Stellenbeschreibungen, wurde ein junger, gut ausgebildeter Mensch, mit Berufserfahrung gesucht.

Es meldeten sich über 800 Personen. Nach einer Vorauswahl durch die Personalabteilung der Telegrafen Firma wurden 300 davon eingeladen.
Da viele der damaligen Geschäftshäuser großzügige und ausladende Empfangshalle hatte, konnten dort alle Bewerber einen Platz finden. Leider gab es nicht so viele Stühle und so saßen die meisten der Bewerber einfach auf dem bloßen Steinfußboden, und warteten auf die Dinge, die da kommen sollten.

Von der riesigen Empfangshalle aus führten etliche, einzelne Gänge ins Innere des Gebäudes, wo sich die Rekrutierungsräume der Personalabteilung befanden.

Jeder einzelne Bewerber erhielt bei seiner Ankunft eine Nummer und wurde gebeten, in der Empfangshalle Platz zu nehmen und zu warten.

Der Strom der Bewerber schien kein Ende nehmen zu wollen. Da es ein heißer Tag war und die Empfangshalle sich zusehends ihrem Kapazitätsende näherte, war die Stimmung unter den anwesenden Bewerbern ziemlich angespannt
Das ständige Hämmern im Hintergrund, machte es unmöglich, sich zu unterhalten.

Mitten in der angespannten Situation betrat ein junger Mann die Halle.
Er zog eine Nummer – 254 – suchte sich eine freien Platz und setzte sich.
Der soeben aufgerufene Bewerber hatte die Nummer 87 – er selbst würde wohl also noch eine ganze Weile warten müssen, bis er an der Reihe war.

Daher setzte er sich bequemer auf seinem Platz und wartete ganz entspannt auf seinen Aufruf. Von der Hektik rings um sich herum ließ er sich nicht anstecken. Er lauschte lieber auf das Hämmern im Hintergrund...

Er hatte noch keine zwei Minuten so gesessen, als er plötzlich aufsprang, und geradewegs quer durch die riesige Halle auf die andere Seite, in den Gang zu den Rekrutierungsräumen, marschierte.
Er ging schnurstracks auf die dritte Tür rechts zu und trat ohne anzuklopfen ein.

In der Menge der Wartenden machte sich Unmut breit und es gab viele zornige ausrufe wie „ ... wieso geht der einfach rein? Ich warte hier schon den ganzen Vormittag!", „ ... was bildet der sich ein? Der muss hier genauso warten wie jeder andere..!"

Nach ungefähr 5 Minuten kam der junge Mann in Begleitungen eines Angestellten wieder aus dem Raum heraus.

Die Menge beruhigte sich wieder, da sie dachten, er würde jetzt, ob seines forschen Auftretens vor die Tür gesetzt.

Doch zu Aller Verwunderung legte der Angestellte freundlich einen Arm um den jungen Mann und teilte der erstaunten Menge mit, dass der Job vergeben sei. Sie könnten nun alle wieder nach Hause gehen...
Unter den wartenden Bewerbern machte sich erneut Unmut breit.

„Hey, was soll das? Dieser Mann hat sich einfach vorgedrängelt, während wir anderen hier auf unse-

ren Aufruf gewartet haben! Das ist ja wohl eine Unverschämtheit", schrie einer aus der Menge.
„Ich war eher hier. Ich war an der Reihe", schrie ein anderer. Im Nu waren die beiden von wütenden Menschen umgeben. Einige zerrten sogar an dem jungen Mann und dem Angestellten.

Augenblicklich griff die Security der Firma ein und trieb die wütende Menge auseinander, bevor es noch zu einer Eskalation kommen konnte.

Der angebliche Angestellte, welcher sich nun als Personalchef entpuppte, hob beschwichtigend die Arme und bat um Ruhe.
Es dauerte noch eine kurze Weile, bis die Menschenmenge sich beruhigte.
Als endlich Ruhe eingetreten war, stellt der Personalchef sich kurz vor und erklärte den wartenden Bewerbern, warum der junge Mann mit der Nummer 254 diesen Job bekam:
„Sehr geehrte Damen und Herren, sie haben sicherlich alle das permanente Hämmern im Hintergrund vernommen?" fragte er in die Menge, welche es mit einigen Ausrufen bejahte.
„Bestimmt haben sie alle vermutet, wir würden gerade renovieren oder hätten Bauarbeiter im Hause. Das war jedoch nicht der Fall und auch nicht der Grund des Gehämmers" fuhr der Personalchef fort.
„Was da zu hören war, sind unsere Morse-Operatoren", fügt er mit einer ausgedehnten Redepause hinzu.

„Während sie hier auf ihren Aufruf warteten, hämmerte einer von unseren Operatoren folgenden Text, welche über die Lautsprecher verstärkt wurde:

„Wenn Sie das verstehen, gehen Sie geradewegs in den Gang B und treten ohne anzuklopfen durch die dritte Tür rechts. Klopfen Sie nicht an, sondern gehen einfach hinein und sie bekommen den Job."

„Jeder von Ihnen hatte also dieselbe Chance" beendete er seine Ausführungen.

Die Menge schaute abwechselnd sich, den Personalchef und den Bewerber an – dann gab es einen donnernden Applaus...[48]

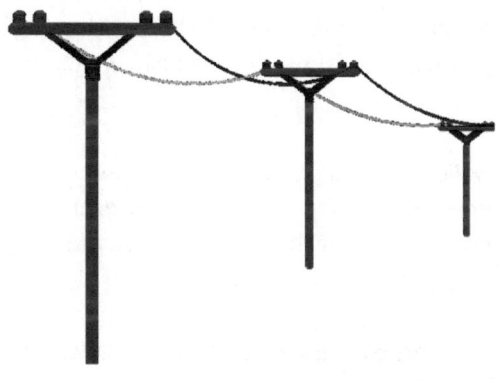

Bewusst vs. unbewusst

Diese Geschichte vom Bewerberglück zeigt sehr deutlich, was heut noch viel stärker auf uns wirkt.

Ständig werden wir von allen Seiten durch unzählige Signale unserer Umgebung in Beschlag genommen. Wir werden täglich durch schier unversiegbare Ströme von Geräuschen, Sinneseindrücken, Informationen und Fluten von E-Mails, Social-Media-Nachrichten, etc. bombardiert.
Hinzu kommen noch unsere eigenen Gedanken, Meinungen, Wahrnehmungen und so weiter...

Und obwohl wir von dieser enormen Flut nur einen ganz geringen Teil bewusst wahrnehmen, und den Rest gar nicht registrieren oder unbewusst ganz ausblenden, laut Vera F. Birkenbiehl kommen auf 11 Km unbewusste gerade einmal 15 mm bewusste Wahrnehmung[49], ist doch eine gewisse Reizüberflutung nicht wegzudiskutieren.

Schlussendlich wird das, was wir dann „bewusst" wahrnehmen auch noch von uns und unseren Filtern, z. B. Glaubenssätze, gemachte Erfahrungen, Meinungen, etc. interpretiert.

Dadurch passiert es, dass wir das, was gerade um uns herum passiert nicht so wahrnehmen, wie es tatsächlich ist, sondern, wie unsere eingestellten Filter es wahrnehmen.

Und wenn wir diese Filter nicht hin und wieder überprüfen und überdenken, haben neue Dinge oft gar keine Chance bis in unser Bewusstsein vorzudringen.

Dadurch und durch unsere ständige „Abgelenktheit" verbauen wir uns oft selbst neue Möglichkeiten und neue Chancen.
Wir verpassen viele schöne Momente und Gelegenheiten.

Ich begegne dem Ganzen, indem ich versuche, mit mehr Aufmerksamkeit und Achtsamkeit durchs Leben zu gehen.

Das hilft mir dabei, meine Neugier zu behalten und Signale und Reize neu zu interpretieren.
Man sieht dadurch nicht nur seine Umwelt und seine Mitmenschen im neuen Licht, man lernt auch, sich selbst besser kennen.

Also hilf deinem Glück auf die Sprünge und interpretiere dich und deine Umwelt neu.

Lass dich von der nachfolgenden persischen Geschichte inspirieren und finde deine innere Weisheit...

Das Versteck der Weisheit
Eine Göttergeschichte

V or langer, langer Zeit standen die Götter vor
einem großen Problem.

Der Mensch begann sich immer mehr zu entwickeln
und wurde immer wissbegieriger.
Die Götter aber meinten, der Mensch wäre noch
nicht reif genug, um die ganze Weisheit des Universums zu verstehen und wollten sie deshalb vor
ihm verstecken.

Sie überlegten und beratschlagten nun, welches
wohl der sicherste Ort für ein Versteck wäre...!?!
Denn immerhin sollte die gesamte Weisheit des
Universums solange dort versteckt bleiben, bis die
gesamt Menschheit reif genug wäre, diese weise
und klug einzusetzen und zu nutzen.
Es musste also ein sehr gutes Versteck sein...

Während der Diskussion kamen etliche gute Vor-
schläge zu Tage.
Einer der Götter zum Beispiel, schlug vor, die
Weisheit auf dem höchsten Berg der Erde zu verstecken.
Allerdings waren die Götter sich nicht sicher, ob
der Mensch nicht bald jeden Berg der Erde be-
zwungen haben würde, das Versteck war also nicht
sicher genug.

Dann machte ein anderer den Vorschlag, die Weisheit im Meer zu verstecken. An seiner tiefsten Stelle. Nach anfänglicher Begeisterung sahen die Götter aber auch hier die Gefahr, dass durch den Wissens- und Forscherdrang drang der Menschen die Weisheit zu früh gefunden würden.
Der Vorschlag die Weisheit in einer tiefen Höhle zu verstecken, wurde ebenso wieder verworfen, wie etliche andere.
Die Götter wurden langsam ratlos...

Dann gab der älteste und weiseste aller Götter seinen Vorschlag: "Ich glaube, ich weiß, was zu tun ist", verkündete er. Die anderen Götter hießen ihn erstaunt und gespannt fortzufahren.
„Lasst uns die Weisheit des Universums im Menschen selbst verstecken. Hier ist sie sicher verwahrt. Denn der Mensch wird dort erst dann danach suchen, wenn er reif genug ist, denn er muss dazu den Weg in sein Inneres gehen."

Die anderen Götter applaudierten begeistert und so wurde es abgemacht.
Sie versteckten die Weisheit des Universums im Menschen selbst. [50]

Offen bleiben und frei machen

Tja – und dort liegt sie, bei den meisten Menschen, auch heute noch verborgen.

Hattest du schon das große Glück, sie zu finden?
Oder fehlt dir noch die richtige Methode, die richtige Technik?

Ich persönlich glaube, dass es das wichtigste ist, offen zu sein offen zu bleiben.
Offen für neue Menschen, neue Erfahrungen, Situationen.

Wir müssen unseren Geist offen und frei machen.
Frei machen von alten Regeln, überholten Maßstäben und Maximen.
Frei machen von Erwartungen, Meinungen und überholten Denkmustern.

Unsere Denkweise und unsere Denkrichtung ändern, damit auch das *Unoffensichtliche* Platz hat.

Damit es sich von uns eingeladen und bei uns wohl fühlt – denn ohne das Unoffensichtliche kann es passieren, dass uns das Wesentliche entgeht.

Oder wo wir nur einen Punkt sehen, wo eigentlich noch mehr ist.

Wie die folgende Geschichte zeigt…

Der schwarze Punkt
Eine Geschichte, die es auf den Punkt bringt

*E*ines Tages überraschte ein Professor seine Schülerinnen und Schüler mit einem Überraschungstest. Während er die Blätter verteilte, wie immer mit der Textseite nach unten, hieß er sie das Blatt erst umzudrehen, wenn jeder ein Blatt hätte.

Viele Schüler hatten ein wenig Angst, doch als der Professor seine Schüler das Blatt umdrehen ließ wich die Angst einer gewissen Verwirrung...

Es standen überhaupt keine Fragen auf dem Testbogen!
Nur in der Mitte war ein kleiner schwarzer Punkt zu sehen.

„Ich möchte sie bitten, zu beschreiben, was sie dort sehen", löste der Professor die Verwirrung ein wenig. Die Schüler begannen mit der Arbeit.

Der Professor sammelte zum Ende der Stunde die Blätter wieder ein und las sie laut vor. Ausnahmslos alle Schülerinnen und Schüler der Klasse hatten den schwarzen Punkt beschrieben – seine Größe, seine Position auf dem Blatt, sein Größenverhältnis zum Papier, seine Farbe etc.

Der Professor blickte seine Klasse lächelnd an. Er hatte mit diesem Ergebnis gerechnet.

Er wandte sich an seine Klasse: „Sie alle haben diese Aufgabe nur zum Teil gelöst. Sie haben zwar alle den schwarzen Punkt in der Mitte bis auf's Kleinste beschrieben.", sagte er anerkennend. „Aber die Aufgabe lautete, alles zu beschreiben, was zu sehen ist, richtig? Wieso hat dann keiner von ihnen über den großen, weißen Bereich des Blattes geschrieben?" In der Klasse wurde Gemurmel laut, teils erkennend, teils verwundert, teilweise wütend.

Der Professor fuhr beschwichtigend fort: "Ich wollte ihnen eine Aufgabe zum Nachdenken geben. Denn mit diesem Blatt Papier ist es wie mit unserem Leben." Es folgte eine kleine bedeutsame Pause, ehe der Professor fortfuhr: „Unser Leben ist wie ein weißes Blatt Papier – offen und einladend es zu nutzen und zu genießen, es nach unseren Vorstellungen zu „beschreiben", sprich unser Leben nach unseren Wünschen zu gestalten. Aber was machen wir? Wir konzentrieren uns auf die schwarzen Flecke in unserem Leben – genauso wie gerade auf den schwarzen Punkt im Test."

In der Klasse war es still geworden, die Schülerinnen und Schüler lauschten den weiteren Ausführungen ihres Lehrers.

„Denken sie bitte immer daran – unser Leben ist nicht nur ein Geschenk. Es ist wie ein weißes Blatt Papier.

Jeden Tag haben wir die Chance es neu zu be-
schreiben, mit den Erlebnissen und Wundern, die
uns jeden Tag begegnen. Den schönen Momenten
mit unseren Freunden, unserer Familie, der Arbeit,
die uns eine Existenz bietet.
Mit unserer eigenen Geschichte...

Doch oft konzentrieren wir uns nur auf die dunklen
Flecken, auf das „Negative" im Leben.
Probleme mit der Gesundheit, Arbeit futsch, Part-
ner futsch, Geldmangel etc.

Aber genau wie im vorigen Test sind die dunklen
Flecke auf das große Ganze gesehen, sehr klein.

Deshalb sollten wir uns nicht nur auf sie konzent-
rieren, sondern auf den großen weißen Bereich –
den Bereich für Freude, Glück, Chancen, Möglich-
keiten...

Das heißt aber auch nicht, die Augen vor dem
Schlechten zu verschließen. Es bedeutet einfach
dem Guten mehr Raum zu geben."

Eine Geschichte die aus dem Herzen spricht

Unser Leben ist die Gesamtheit aller Dinge und natürlich gehören die dunklen Flecken ebenso dazu, sie sind genauso Teil unseres Lebens und unseres *Erlebens* – ob es uns gefällt oder nicht – es ist wie es ist!

> **Das Leben ist wie es ist -
> aber es wird, was du daraus machst!**
> *frei nach Byron Katie*

Also hadere nicht mit dir, deinen Mitmenschen, deinem Schicksal oder deinem Leben, sondern genieße es, nutze deine Gestaltungsmöglichkeiten und mal dein Leben, dein weißes Blatt, so bunt wie es dir gefällt und konzentriere dich nicht nur auf die dunklen Flecken....!

Mach was aus *deinem* Leben und versuche, dir möglichst nur schöne Momente zu schenken – auch wenn das nicht immer klappen wird!
 Aber ich habe für mich herausgefunden, dass es schon mal ein guter Anfang ist, meine Zeit nicht für unnütze Sachen und Dinge zu verschwenden.
Dinge die mich nicht glücklich machen, die mir keine Freude schenken.

Ich möchte meine kostbare Lebenszeit nicht damit verbringen, mich über meine Mitmenschen zu ärgern, über Dinge und Situationen, die ich nicht ändern kann.

„Wenn du ein Problem hast,
versuche es zu lösen.
Kannst du es nicht lösen,
dann mache kein Problem daraus. "
Buddha [51]

Oder meine kostbare Zeit mit Zorn, Neid oder Missgunst zu vergeuden.

Nein - Ich möchte meine Zeit lieber mit Freude und Freunden, mit Liebe und Familie, mit glücklich sein, innerem Wachstum, schönen und schweren Momenten, mit Herausforderungen und deren Meisterung, mit neuen Erfahrungen, mit Niederlagen und Siegen – kurz mit *leben* verbringen.

Und das am besten nicht allein, sondern wenn möglich in Gesellschaft und Gemeinschaft.
Zum Beispiel mit meiner Frau, meinen Kindern, meiner Familie, meine Freunden, aber auch mit meinen Kollegen, Nachbarn und bekannten

Denn Erlebnisse und schöne Momente mit anderen teilen zu können, das macht sie in meinen Augen noch schöner und wertvoller.

Mir gibt es ein gutes Gefühl, anderen Menschen helfen zu können, denn...

*„Nichts existiert nur für sich... Seen trinken
nicht von ihrem eigenen Wasser.
Bäume ernähren sich nicht
von ihren Früchten.
Die Sonne scheint nicht für sich allein.
Blumen duften nicht für sich selbst.
Füreinander da zu sein,
das ist die Natur des Lebens. "*[52]

Und nicht nur die Wissenschaft hat mittlerweile herausgefunden, dass alles mit Allem irgendwie in Verbindung steht.
Das wussten die Naturvölker in aller Welt schon immer, wie die nachfolgende Geschichte sehr schön zeigt.

Ich weiß, dass sie nicht unumstritten ist. Viele sagen, so hätte sie sich gar nicht zugetragen und es wären zu vielen Ungereimtheiten in der kleinen Geschichte.

Naja, es gibt eben immer Menschen, die alles ganz genau und haarklein auseinandernehmen müssen und dabei den eigentlichen schönen Sinn des Augenblicks, der Situation oder des Gesagten verpassen...

In meinen Augen ist es nicht wichtig, ob diese Geschichte über Kinder eines afrikanischen Stammes der Wahrheit entspricht oder nur eine Metapher ist.

Nein – wichtig ist die Botschaft, die transportiert wird.

UBUNTU – ich bin, weil wir sind!

UBUNTU
Eine Geschichte aus Afrika

*E*in Anthropologe forschte in der afrikanischen Steppe. Er hatte schon viel von dem naturverbundenen und von Gemeinschaft geprägten Leben gehört und wollte nun ein kleines Experiment diesbezüglich durchführen.
Er schlug den Kindern des Stammes bei dem er zu der Zeit lebte, ein Spiel an.

Er stellte einen Korb voll mit den leckersten und süßesten Früchten an einen etwas entfernt stehenden Baum auf und sagte zu den Kindern: „Wer den Baum als erstes erreicht, dem gehören die ganzen Früchte."

Auf sein Startsignal hin sollten sie losrennen. Doch stattdessen nahmen sie sich alle bei den Händen und liefen gemeinsam und jubelnd los. Am Baum angekommen, setzen sie sich hin und genossen die leckeren Früchte zusammen.

Der Anthropologe, der sich mittlerweile zu ihnen gesellt hatte, fragte sie: „Warum seid ihr alle zusammen zum Baum gelaufen? Jeder von euch hatte doch die Chance die Früchte ganz für sich allein zu haben."

„UBUNTU – ich bin, weil wir sind" antworteten sie einstimmig im Chor.

Ich bin, weil wir sind

Ein sehr schöner Gedanke – ich bin, weil wir sind. Und ein wahrer dazu!

Denn in der Gruppe und mit Unterstützung gehen viele Dinge im Leben viel leichter von der Hand.
„Probleme" und Herausforderungen verlieren oft ihren „Schrecken", wenn man weiß, dass man sie nicht allein bewältigen muss. Aufgaben erledigen sich schneller im Team als alleine.
Meine Mutter pflegte in meiner Kindheit schon immer zu sagen:

„Viele Hände machen ein schnelles Ende."

Aber nicht nur, dass im Team, in der Gemeinschaft vieles leichter und schneller beendet wird. Der Gedankenaustausche in der Gruppe bringt uns auch persönlich oft ein ganzes Stück weiter. Denn er kann uns helfen, unsere Ideen und Gedanken auch mal aus einem Blickwinkel zu betrachten. Und nicht nur der Gedankenaustausch in der Gruppe kann uns etwas lehren. Sehr oft lernt man schon neue Dinge, wenn man die Menschen, die es bereits können, genau beobachtet und sich was „abkupfert".
„Man lernt am meisten mit den Augen", hat mir mein Vater beigebracht.
Aber nicht nur andere Menschen können uns etwas beibringen oder lehren. Auch die Natur ist ein unbegrenzter Wissenspool – man muss nur lernen , mit

den „Augen zu klauen" – sprich mit offenen Augen und mit offenen Geist durch die Welt gehen.

Denn die Natur hat in ihrer Milliarden Jahren während Entwicklung unglaubiche Systeme, Ideen und Innovationen hervorgebracht. Oder wie es Dr. Rainer Erb, BIOKON-Geschäftsführer[53], so schön auf den Punkt gebracht hat:

„Die Natur ist der erfolgreichste Innovator aller Zeiten!"

Warum der erfolgreichste? Weil alles was die Natur „erfunden und entwickelt" im härtesten Kritikerkreis den es gibt getestet wurde – dem Leben selbst.

Die Natur steht häufiger Pate, als wir denken:

- Nanostrukturen für klebstofffreies Haften (Gecko - Klebefolie)
- Anti-adhäsive Oberflächen für Korrosionsschutz (Lotusblatt - antihaftbeschichtete Metalle)
- Datenübertragungssysteme für kabelfreie Unterwasser-Kommunikation (Delphin - Modem)
- Lufthaltende Schichten zur Reibungsreduktion (Schwimmfarn - Schiffsbeschichtung
- Intelligente Strukturen für formschlüssiges Greifen (Fischflosse - Greifwerkzeug)
- Technische Textilien für Flüssigkeitstransport (Liane - Bewässerungssysteme)
- Bio-inspirierte Befestigungssysteme für zuverlässiges Fixieren (Zikade - Dübel)

- Fruchtschalenstrukturen zur Stoßdämpfung (Pampelmuse - Motorradhelm)
- Naturprodukte für Hightech-Materialien (Spinnenseide - Filtermaterialien)
- Haft-Struktursysteme für reversible Verbindungen (Klette - Klettverschluss)
- Faltungsprozesse für energieeffiziente elastische Konstruktionen (Paradiesvogelblume - Fassadenverschattung)
- Oberflächenstrukturen für giftfreies Antifouling (Haihaut - Schiffsanstriche)
- Nachgiebige Roboter für sichere Mensch-Muskel-Interaktion (Muskeln - Serviceroboter)[54]

Um nur einige erfolgreiche Beispiele aus der Bionik zu nennen.

Aber mir geht es gar nicht so sehr um die oben genannten Innovationen, sondern um die anderen Möglichkeiten, aus der Natur zu lernen.

Denn sie kann uns auch helfen, zu erkennen, nicht nur was Leben wirklich bedeutet, sondern wie man es am besten leben sollten.

Wie die nächste Geschichte aus dem alten China uns erzählt...

Was das Wasser uns lehren kann
Aus China

Ein alter weiser Meister wurde einst von seinem Schüler gefragt: „Du stehts jetzt schon so alnge hier am Fluss und schaust in die vorbeifließenden Fluten. Was erhoffst du dir zu sehen?"

Eine lange Zeit verging, während der Meister weiterhin auf den Fluss starte, bevor er seinem Schüler antwortete.

„Ich lausche den Lehren des Wassers, denn das Wasser lehrt uns wie wir leben sollen" entgegnete der alte Meister ruhig.
„Wohin es fließt, bringt es Leben und teilt sich aus an alle, die seiner bedürfen. Es ist genauso freigiebig, wie gütig.

Die Unebenheiten des Geländes auf seinem Weg versteht es auszugleichen. Es ist gerecht.

Ohne in seinem Lauf innezuhalten, stürzt es sich über Schluchten in die Tiefe. Es ist mutig.

Seine Oberfläche ist glatt und ebenmäßig, aber es kann verborgene Tiefen bilden. Es ist weise.

Felsen, die ihm im Lauf entgegenstehen, umfließt es. Es ist verträglich.

Aber seine Kraft ist auch Tag und Nacht am Werk,
um das Hindernis zu beseitigen. Es ist ausdauernd.

Egal wie viele Windungen es auch auf sich nehmen
muss, niemals verliert es die Richtung zu seinem
Ziel, dem Meer, aus dem Auge. Es ist zielbewusst.

Und so oft es auch vereunreinigt wird, bemüht es
sich doch unablässig, wieder rein zu werden. Es
hat die Kraft sich immer wieder zu erneuern.

Das alles ist es, warum ich auf das Wasser schaue.

Es lehrt mich das rechte Leben!" [55]

Bausteine für ein glückliches Leben

Freigibigkeit, Güte, Gerechtigkeit, Weisheit, Verträglichkeit, Ausdauer, Zielbewusst und bereit sich immer wieder zu erneuern – das sind sie also, die Bausteine für ein glücklieches Leben – für ein rechtes Leben.

Für mich kann ich das so unterschreiben.

Allerdings gehören für mich noch einige andere Eigenschaften dazu:

Gelassenheit
Gelassenheit schafft Ordnung im Kopf.
Das ist weit mehr als nur das Fehlen von Stress: Es ist ein Zustand von Souveränität und Angstfreiheit.
Dies gibt Zuversicht und die Gewissheit, eine schwierige Situation in den Griff zu bekommen.
Gelassenheit verhindert das hinein steigern in Emotionen.
Zudem steckt in dem Wort „Gelassenheit" auch das Wort „lassen".

Tatsächlich gelangt man zu Gelassenheit, wenn man es schafft, andere Menschen so sein zu *lassen*, wie sie eben sind.
Wenn wir akzeptieren, bestimmte Dinge geschehen zu *lassen*, auch wenn wir sie nicht gut finden.
Und manchmal ist es auch hilfreich, etwas ganz wegzu*lassen* bzw. loszu*lassen*[56]

Vertrauen

Sowohl in sich selbst und seine eigenen Fähigkeiten, als auch in das Leben an sich.

Mit genügend Selbstvertrauen, kann man mit jeder Situation zurechtkommen, einen Ausweg aus jeder noch so miseren Lage finden, denn sie verleiht uns die nötige innere Ruhe um mit Herausforderungen besonnen umgehen zu können.

Allerdings bedarf es manchmal auch einer kleinen Krise, um uns wachzurütteln und unsere Kreativität, unseren Ideenreichtum und unsere Schöpferkraft zu Tage zu fördern.

Die nächste Geschichte zeichnet ein sehr schönes Bild von Gelassenheit und Vertrauen...

Der König und der Flickschuster

Georgisches Märchen

In der Hauptstadt seines Landes, lebte ein guter und gerechter König.
Oft verkleidete er sich und ging unerkannt durch die Straßen, um zu erfahren, wie es um sein Volk stand.

Eines Abends geht er vor die Tore der Stadt.

Er sieht aus einer Hütte einen Lichtschein fallen und erkennt durch das Fenster: Ein Mann sitzt allein an seinem zur Mahlzeit bereiteten Tisch und ist gerade dabei, den Lobpreis zu Gott über das Mahl zu singen.

Als er geendet hat, klopft der König an der Tür:
"Darf ein Gast eintreten?"
"Sehr Gerne", sagt der Mann, "komm, halte mit, mein Mahl reicht für uns beide!"
Während des Mahles sprechen die beiden über dieses und jenes. Der König -unerkannt - fragt: "Wovon lebst du? Was ist dein Gewerbe?"
"Ich bin Flickschuster", antwortete der Mann. "Jeden Morgen gehe ich mit meinem Handwerkskasten durch die Stadt und die Leute bringen mir ihre Schuhe zum Flicken auf die Straße".
Der König: "Und was wird morgen sein, wenn du keine Arbeit bekommst?" "Morgen?", sagte der Flickschuster, "Morgen? Wir werden sehen. Gott sei gepriesen Tag um Tag!"

Als der Flickschuster am anderen Tag in die Stadt geht, sieht er überall Schilder angeschlagen: Befehl des Königs! In dieser Woche ist auf den Straßen meiner Stadt jede Flickschusterei verboten!

Sonderbar, denkt der Schuster. Was doch die Könige für seltsame Einfälle haben! Nun, dann werde ich heute Wasser tragen; Wasser brauchen die Leute jeden Tag.

Am Abend hatte er so viel verdient, dass es für beide zur Mahlzeit reichte.
Der König, wieder zu Gast, sagt: "Ich hatte schon Sorge um dich, als ich die Anschläge des Königs las. Wie hast Du dennoch Geld verdienen können?"
Der Schuster erzählt von seiner Idee Wasser für jedermann zu holen und zu tragen der ihn dafür entlohnen konnte.
Der König fragte besorgt: "Und was wird morgen sein, wenn du keine Arbeit findest?"
"Morgen? Wir werden sehen. Gott sei gepriesen Tag um Tag!"

Als der Schuster am anderen Tag in die Stadt geht, um wieder Wasser zu tragen, kommen ihm Herolde entgegen, die rufen: Befehl des Königs! Wassertragen dürfen nur solche, die eine Erlaubnis des Königs haben!

Sonderbar, denkt der Schuster, was doch die Könige für seltsame Einfälle haben. Nun, dann werde ich Holz zerkleinern und in die Häuser bringen. Er holte seine Axt, und am Abend hatte er so viel verdient, dass das Mahl für beide bereitet war.

Und wieder war der König zu Gast: "Ich hatte heute wieder Sorge um dich. Der König hat das Wassertragen verboten, wie hast du es trotzdem geschafft, Geld für ein Mahl zu verdienen? Und was wird morgen sein, wenn du keine Arbeit findest?"

"Morgen?" entgegnete der Flickschuster wieder voller Zuversicht, „Wir werden sehen. Gott sei gepriesen Tag um Tag!"

Am anderen Morgen kam dem Flickschuster in der Stadt ein Trupp Soldaten entgegen.

Der Hauptmann sagte: "Du hast eine Axt. Du musst heute im Palasthof des Königs Wache stehen. Hier hast du ein Schwert, lass deine Axt zu Hause!"

Nun musste der Flickschuster den ganzen Tag Wache stehen und verdiente keinen Pfennig. Abends ging er zu seinem Krämer und sagte: "Heute habe ich nichts verdienen können. Aber ich habe heute Abend einen Gast. Ich gebe Dir das Schwert..." - er zog es aus der Scheide - "...als Pfand! Gib mir, was ich für das Mahl brauche."

Als er nach Hause kam, ging er zuerst in seine Werkstatt und fertigte ein Holzschwert, das genau in die Scheide passte.

Der König wunderte sich, dass auch an diesem Abend wieder das Mahl bereitet war.

Der Schuster erzählte alles und zeigte dem König
verschmitzt das Holzschwert.
"Und was wird morgen sein, wenn der Hauptmann
die Schwerter inspiziert?"
"Morgen? Wir werden sehen. Gott sei gepriesen
Tag um Tag!"

Als der Schuster am anderen Morgen den Palasthof
betritt, kommt ihm der Hauptmann entgegen, an
der Hand einen gefesselten Gefangenen: "Das ist
ein Mörder. Du sollst ihn hinrichten!"

"Das kann ich nicht", rief der Schuster voll Schrecken aus. "Ich kann keinen Menschen töten!"

"Doch, du musst es! Es ist Befehl des Königs!"

Inzwischen hatte sich der Palasthof mit vielen
Neugierigen gefüllt, die die Hinrichtung eines Mör-
ders sehen wollten.
Der Schuster schaute in die Augen des Gefangenen.
Ist das ein Mörder?

Dann warf er sich auf die Knie und mit lauter
Stimme, so dass alle ihn hörten, rief er: "Gott, du
König des Himmels und der Erde: wenn dieser
Mensch ein Mörder ist und ich ihn hinrichten soll,
dann mache, dass mein Schwert aus Stahl in der
Sonne blitzt! Wenn aber dieser Mensch kein Mör-
der ist, dann mache, dass mein Schwert aus Holz
ist!"

Alle Menschen schauten atemlos zu ihm hin.

Er zog das Schwert, hielt es hoch - und siehe: es war aus Holz.
Gewaltiger Jubel brach aus.
In diesem Augenblick kam der König von der Frei-treppe seines Palastes, ging geradewegs auf den Flickschuster zu, gab sich zu erkennen, umarmte ihn und sagte: "Von heute an, sollst du mein Rat-geber sein!" [57]

Ein gesundes Selbstwertgefühl

Genauso wie ein gesundes Selbstwertgefühl, ein gesundes Selbstvertrauen und ein gefestigtes Vertrauen an das Gute im Leben und in unseren Mitmenschen generell, zu einem rechten, einem glücklichen Leben dazu gehören, gehören für mich auch Dankbarkeit und Zufriedenheit dazu.

Dankbarkeit für all die vielen kleinen Glücksmomente und all die kleinen „Selbstverständlichkeiten" in unserem Leben.
Denn die kleinen Dinge im Leben sind es, die das große Ganze erst lebenswert machen.
Dankbarkeit, für die vielen schönen Momente mit deiner Familie, deinen Freunden, deinen Arbeitskollegen.
Die Schönheiten der Natur, die Sonne, den Regen, die Blumen, die Tiere...

Und auch für die unschönen, schwierigen Augenblicke und Situationen – sie machen dich stark, wenn du es zulässt.

Übe dich in Dankbarkeit und praktiziere, fühle und lebe sie!
Denn Dankbarkeit kann nicht nur Sorgen, Ängste und Nöte vertreiben, sie hilft uns auch dabei, wieder zu erkennen, dass ein schönes Leben nicht bedeuten muss alles haben zu können was man will, sondern mit dem zufrieden und für das Dankbar zu sein, was man hat.

Dankbar dafür, dass du gesund bist, ein Dach über dem Kopf und genug zu essen hast – denn damit geht's es dir schon besser als den vielen Menschen auf der Welt, die jeden Tag um ihr (Über)Leben kämpfen müssen. Die abends nicht wissen wo sie schlafen oder was sie morgen essen sollen.

Viele Millionen Menschen müssen täglich um Wasser kämpfen – für dich und mich kommt es wie selbstverständlich aus dem Hahn.

Viele der Menschen würden einiges geben, damit sie das Leben haben welches du führst.

Echte Dankbarkeit hat die Kraft dein Leben und deine Einstellung zum Leben vollständig zu verändern.
Echte Dankbarkeit macht dich zufriedener, glücklicher und demütig.
Eine tiefe Freude und Ruhe wird sich in der ausbreiten – und sie bereichert dein Leben – versprochen.

Fange damit an, jeden Abend 3-5 Dinge zu notieren, für die du dankbar bist. Das können materielle, aber auch nicht materielle Dinge sein.

Wichtig ist nur, dass du die Dankbarkeit auch wirklich in deinem Inneren spürst.

Ich kann dir nicht versprechen, dass sich dadurch dein materielles Leben ändern und auf einmal der Lotteriegewinn oder der Traumpartner vor der Tür steht.

Aber ich verspreche dir, dass sich dein nicht materielles Leben verändern wird.
Am Anfang fällt es vielleicht schwer jeden Abend fünf neue Dinge zu finden für die man dankbar sein kann – aber das ändert sich bereits nach kurzer Zeit.

Dann wirst du dich dabei ertappen, dass du schon morgens anfängst nach positiven Dingen Ausschau zu halten, für die du dankbar sein kannst.

Du lernst dich auf das Positive zu konzentrieren und bald schon werden dir fünf Dinge nicht mehr ausreichen – denn du wirst für vieles mehr dankbar sein.

Ich kann es dir nur empfehlen, denn Dankbarkeit lohnt sich wirklich...

Die beiden nachfolgenden Geschichten aus Afrika und Singapur zeichnen einmal einen eher nachdenklichen Aspekt und das andere Mal einen zum Schmunzeln...

Das Leben auf Wanderschaft
Märchen aus Afrika

Eines Tages begab sich das Leben auf die Wanderschaft durch die Welt.
Es ging und ging, bis es zu einem Menschen kam. Der hatte so geschwollene Glieder, dass er sich kaum rühren konnte.

„Wer bist du?" fragte der Mann.
„Ich bin das Leben" entgegnete das Leben freundlich.
„Wenn du das Leben bist" sprach der Kranke „kannst du mich vielleicht gesund machen!?!"
„Ich will dich heilen", sagte das Leben, „aber du wirst mich und deine Krankheit bald vergessen."
„Wie könnte ich euch vergessen!" rief der Mann aus.
„Gut, ich will in sieben Jahren wieder kommen, dann werden wir ja sehen", meinte das Leben. Und es bestreute den Kranken mit Staub, den es vom Wege genommen hatte. Kaum war das geschehen, war der Mann gesund.

Dann zog das Leben weiter und kam zu einem Leprakranken.
„Wer bist du?" fragte der Mann.
„Ich bin das Leben", entgegnete das Leben wieder freundlich
„Das Leben?" sagte der Kranke. „Da könntest du mich ja gesund machen."

„Das könnte ich", erwiderte das Leben, „aber du wirst mich und deine Krankheit bald vergessen."
„Ich vergesse euch bestimmt nicht", versprach der Kranke.
„Nun, ich will in sieben Jahren wieder kommen, dann werden wir ja sehen", sprach das Leben. Es bestreute auch diesen Mann mit Staub vom Wege, und der Kranke ward sogleich gesund.

Wieder begab sich das Leben auf die Wanderschaft. Nach vielen Tagen kam es schließlich zu einem Blinden.

„Wer bist du?" fragte der Blinde.
„Das Leben" entgegnete das Leben freundlich
„Ach, das Leben!" rief der Blinde erfreut. „Ich bitte dich, gib mir mein Augenlicht wieder!"
„Das will ich tun, aber du wirst mich und deine Blindheit bald vergessen."
„Ich werde euch bestimmt nicht vergessen", versprach der Blinde.
„Nun gut, ich will in sieben Jahren wieder kommen, dann werden wir ja sehen", sagte das Leben, bestreute den Blinden mit Staub vom Wege, und der Mann konnte wieder sehen.

Als sieben Jahre vergangen waren, zog das Leben wieder in die Welt.
Es verwandelte sich in einen Blinden und ging zuerst zu dem Menschen, dem es das Augenlicht wieder gegeben hatte.

„Bitte, lass mich bei dir übernachten", bat das Leben.

„Was fällt dir ein?" schrie der Mann es an. „Scher dich weg! Das fehlte mir gerade noch, dass sich hier jeder Krüppel breit macht."

„Siehst du", sagte das Leben, während es sich zu erkennen gab, „vor sieben Jahren warst du blind. Damals habe ich dich geheilt. Und du versprachst, deine Blindheit und mich niemals zu vergessen."

Daraufhin nahm das Leben ein wenig Staub vom Wege und streute ihn auf die Spur dieses undankbaren Menschen.

Von Stund an wurde er wieder blind.

Dann ging das Leben weiter, und es gelangte zu dem Menschen, den es vor sieben Jahren von der Lepra geheilt hatte.

Das Leben verwandelte sich in einen Leprakranken und bat um Obdach.

„Pack dich!" schrie der Mann es an. „Du wirst mich noch anstecken!"

„Siehst du", sagte das Leben, "vor sieben Jahren habe ich dich von der Leprakrankheit geheilt. Damals hast du versprochen, mich und deine Krankheit niemals zu vergessen."

Darauf nahm das Leben ein wenig Staub vom Wege und streute ihn auf die Spur des Mannes.

Im selben Moment wurde der Mann wieder von der Leprakrankheit befallen.

Schließlich verwandelte sich das Leben in einen Menschen, dessen Glieder so geschwollen waren, dass er sich kaum rühren konnte.

So besuchte es jenen Mann, den es vor sieben Jahren zuerst geheilt hatte.

„Könnte ich bei dir übernachten?" fragte ihn das Leben. „Gern, komm nur weiter", lud der Mann das Leben ein.

„Setz dich, du Armer, ich will dir etwas zu essen machen. Ich weiß recht gut, wie dir zumute ist. Einst hatte ich ebensolche geschwollenen Glieder. Gerade ist es sieben Jahre her, als das Leben hier vorüber kam und mich gesund machte. Damals sagte es, dass es nach sieben Jahren wieder kommen wolle. Warte hier, bis es kommt. Vielleicht wird es auch dir helfen."

„Ich bin das Leben", sagte das Leben nun.

„Du bist der einzige von allen, der weder mich noch seine Krankheit vergessen hat. Deshalb sollst du auch immer gesund bleiben."

Als es sich dann von dem guten Menschen verabschiedet hatte, sagte es noch: „Ständig wandelt sich das Leben. Oft wird aus Glück Unglück. Not verwandelt sich in Reichtum, und Liebe kann in Hass umschlagen. Kein Mensch sollte das jemals vergessen und stets Dankbar und Zufrieden für das was er hat." [58]

Dankbarkeit

Märchen aus Singapur

Auf der Party nach der Trauung nimmt der Vater der Braut seinen neuen Schwiegersohn auf die Seite: „Ich möchte dir gerne ein Rat für ein langes und glückliches Eheleben geben." „Oh, das wäre sehr freundlich von dir" entgegnet sein Schwiegersohn höflich und gespannt.

Ich habe euch nun schon einige Zeit zusammen erlebt, aber die heutige Trauung hat mir gezeigt, dass du meine Tochter wohl sehr und aufrichtig liebst" beginnt der Schwiegervater.

„Oh ja" seufzt der Schwiegersohn ganz verliebt.

„Für dich ist sie wahrscheinlich der schönste und großartigste Mensch auf der Welt" fuhr der alte Mann fort.

„Oh ja das ist sie", erwidert der junge Bräutigam.

„Und in jeder Hinsicht perfekt" schwärmt er weiter mit leuchtenden Augen.

„Ja, so denkt wohl jeder, der gerade erst geheiratet hat" erklärt der Schwiegervater, mehr zu sich selbst gewandt. „Doch jeder Mensch hat Schwächen und Fehler und in ein paar Jahren wirst du vielleicht auch bei meiner Tochter welche entdecken. Deshalb bedenke bitte folgendes, wenn es soweit ist: Wenn sie diese Fehler nicht schon von Anfang angehabt hätte, mein lieber Schweigersohn, hätte sie einen viel besseren Mann als dich geheiratet!" [59]

Dankbar sein

Wir sollten also nicht allzu viel über die putativen Fehler unseres Partners meckern, denn erstens sind wir selbst nicht fehlerfrei und zweitens hätte unser Partner vielleicht eine viel bessere Partie als uns gemacht, wenn er Fehlerfrei gewesen wäre.

Aber ich finde auch, gerade die kleinen Macken, Ecken und Kanten machen einen Menschen doch erst wirklich interessant – und authentisch.

Anstatt also auf Fehlersuche zu gehen, sollten wir uns öfter mal ins Gedächtnis rufen, wie gut wir es haben, sollten Dankbar sein, für all die schönen Dinge die wir besitzen.

Ich mag vielleicht nicht alles im Leben haben, was ich möchte, aber ich bin gesegnet, alles zu haben, was ich brauche! [60]

Sollten es ernsthaft und aufrichtig schätzen, denn nichts ist selbstverständlich im Leben – nicht einmal unser Leben selbst!

Und eines sollten wir auf gar keinen Fall vergessen: Der wichtigste Mensch in unserem Leben sind wir selbst!

Und nur wir selbst können unser Leben auch zu einem schönen Leben machen. Einem glücklichen, (sinn)-erfülltem, lebenswerten Leben.

Dazu gehört auch die Erkenntnis, dass wir es nicht immer all unseren Mitmenschen recht machen können – Irgendjemand wird es immer geben, der etwas zu meckern findet.

Also mach lieber gleich was dir gefällt – die Leute meckern eh.

Wie die nächste Geschichte zeigt...

SELBER WISSEN WAS RICHTIG IST
Ein persisches Märchen

E in Vater zog mit seinem Sohn und einem Esel in der Mittagsglut durch die staubigen Gassen von Keshan.

Der Vater saß auf dem Esel, den der Junge führte. "Der arme Junge", sagte da ein Vorübergehender. "Seine kurzen Beinchen versuchen mit dem Tempo des Esels Schritt zu halten. Wie kann man so faul auf dem Esel herumsitzen, wenn man sieht, dass das kleine Kind sich müde läuft."

Der Vater nahm sich dies zu Herzen, stieg hinter der nächsten Ecke ab und ließ den Jungen aufsitzen.

Gar nicht lange dauerte es, da erhob schon wieder ein Vorübergehender seine Stimme: "So eine Unverschämtheit. Sitzt doch der kleine Bengel wie ein Sultan auf dem Esel, während sein armer, alter Vater daneben herläuft."

Dies schmerzte den Jungen und er bat den Vater, sich hinter ihn auf den Esel zu setzten.

"Hat man so was schon gesehen?" keifte eine Frau, "Solche Tierquälerei! Dem armen Esel hängt der Rücken durch, und der alte und der junge Nichtsnutz ruhen sich auf ihm aus, als wäre er ein Diwan. Die arme Kreatur!"

Die Gescholtenen schauten sich an und stiegen beide, ohne ein Wort zu sagen, vom Esel herunter.

Kaum waren sie wenige Schritte neben dem Tier hergegangen, machte sich ein Fremder über sie lustig: "So dumm möchte ich nicht sein. Wozu führt ihr denn den Esel spazieren, wenn er nichts leistet, euch keinen Nutzen bringt und noch nicht einmal einen von euch trägt?"

Der Vater schob dem Esel nachdenklich eine Hand voll Stroh ins Maul und legte seine Hand auf die Schulter seines Sohnes.

"Es ist gleichgültig, was wir machen", sagte er, "es findet sich doch jemand, der damit nicht einverstanden ist. Ich glaube, wir müssen selbst wissen, was wir für richtig halten." [61]

Wissen, was für mich richtig ist

Das ist ein guter Ratschlag vom Vater an den Sohn –
wir müssen selbst wissen, was für uns richtig ist...

Doch wie finde ich das raus?

Ich glaube, dass das, was für uns richtig ist oder sich für
uns richtig anfühlt, genau das ist, was uns *wichtig* ist!

Wenn wir uns das erstmal klar gemacht und für uns
erkannt haben, fällt es dann nicht mehr ganz so schwer
zu entscheiden, was für uns richtig ist und was nicht.

Denn was für uns wichtig ist, ist relativ einfach heraus-
zufinden – es sind die Werte die wir Leben.
Unser gesamtes Leben beruht darauf – bewusst oder
unbewusst.
Es sind die Dinge, die uns wichtig sind, unsere Ansichten, die wir vertreten, die Dinge die wir mit Überzeugung tun.

> *„Es ist nicht schwer Entscheidungen zu*
> *treffen, wenn du erst weißt,*
> *welches deine Werte sind."*
> *Roy E. Disney*

Werte, unsere Werte, geben unserem Leben Richtung
und uns Motivation.
Sie geben uns die Möglichkeit Entscheidungen zu treffen.

Und dazu ist es nicht nur wichtig unsere Werte zu kennen, sondern mindestens genauso bedeutend, dass wir unsere Werte, Ansichten, Meinungen, Glaubenssätze auch regelmäßig überprüfen – oft sind sie der Grund, warum unser Leben aus der Spur gerät.

Werte im Leben zu haben ist in meinen Augen eine Grundvoraussetzung, um zu wachsen und ein Leben nach seinen eigenen Vorstellungen leben zu können – ein glückliches und für mich sinnerfülltes Leben.

Für mich gehören Eigenschaften wie

❖ Ehrlichkeit
❖ Dankbarkeit
❖ Respekt
❖ Fairness
❖ Freiheit
❖ Achtung
❖ Achtsamkeit
❖ Authentizität

Und noch einige andere mehr dazu.
Sie geben mir Halt im Leben, Zuversicht und innere Stärke.
Und sie helfen mir auch dabei, Entscheidungen zu treffen.
Denn eine Entscheidung nicht oder zu spät zu treffen, kann dein Leben mehr beeinflussen als du denkst.

Die nächsten beiden Geschichten zeigen das sehr deutlich...

Die Wünsche des Bauern

Eine weise Geschichte aus dem alten China

*E*s war einmal ein armer chinesischer Reisbauer, der trotz all seines Fleißes nicht recht vorwärts kam in seinem Leben.

Als er eines Abends wieder bis spät auf seinem Reisfeld arbeitete, begegnete ihm der Mondhase, der jedem Menschen jeden Wunsch erfüllen kann, wie jedes Kind weiß.

„Ich bin gekommen", sagte der Mondhase, „um dir zu helfen. Ich werde dich auf den Wunschberg bringen, wo du dir aussuchen kannst, was immer du willst."

Und ehe er sich versah, fand sich der Reisbauer vor einem Berg vor einem prächtigen Tor wieder.

Über dem Tor stand geschrieben: „Jeder Wunsch von dir wird Wirklichkeit".

Der Bauerrieb sich freudestrahlend die Hände „Endlich", dachte, „hat mein anstrengendes und armseliges Leben ein Ende."

Erwartungsvoll trat er durch das Tor.

Hinter dem Tor erwartete den Bauern ein weißhaariger, alter Mann und begrüßte ihn freundlich mit den Worten: "Was immer du dir wünschst, wird sich erfüllen. Folge mir und ich werde dir zeigen, was man sich hier alles Wünschen kannst. Danach kannst du dich entscheiden!"

Der weise, alte Mann führte den Bauern durch mehrere prachtvolle Säle, einer schöner als der andere.

„Hier", sprach der Weise, „im ersten Saal siehst du das Schwert des Ruhmes. Wer sich das wünscht, wird ein gewaltiger General. Er eilt von Sieg zu Sieg und sein Name wird auch noch in den fernsten Zeiten genannt. Willst du das?"
Nicht schlecht, dachte sich der Bauer, Ruhm ist eine schöne Sache und ich möchte zu gerne die Gesichter der Leute im Dorf sehen, wenn ich General werden würde.

Aber ich will es mir noch einmal überlegen. Also sagte er: „Gehen wir erst einmal weiter." „Gut, gehen wir weiter!" entgegnete der Weise lächelnd.

Sie gingen in den zweiten Saal, in dem das Buch der Weisheit aufbewahrt wurde.
„Wer sich dieses Buch wünscht", erklärte der Weise, „dem werden alle Geheimnisse des Himmels und der Erde offenbart."
Begeistert, aber auch noch etwas unschlüssig erwiderte der Bauer: „Viel zu wissen ist sicherlich nicht schlecht. Eigentlich habe ich mir das schon immer gewünscht. Vielleicht sollte ich mir das

Buch wünschen. Das wäre vielleicht das Richtige. Aber ich will es mir lieber noch einmal überlegen."

Wissend lächelnd führt der Alte den Bauern weiter.

Im dritten Saal befand sich ein Kästchen aus purem Gold. „Das ist die Truhe des Reichtums. Wer sich diese Truhe wünscht, dem fliegt der Reichtum zu, ob er nun arbeitet oder nicht." „

„Ha!" lachte der Bauer, „Das wird das Richtige sein. Wer reich ist, der ist doch der glücklichste Mensch der Welt."
„Warte", unterbrach ihn der Weise in seinen Überlegungen, „Glück hat nichts mit materiellem Reichtum zu tun – es sind zwei verschiedenen Dinge!"
„Du hast sicher recht", bedankte sich der Bauer.
„Ach ich weiß nicht recht. Gehen wir noch weiter" bat der Bauer.

Und so gingen der Bauer und der Weise von Saal zu Saal, ohne dass sich der Bauer für irgendetwas entscheiden konnte...

Als sie den letzten Saal durchschritten hatten, standen sie wieder vor dem To, durch das der Bauer zuvor eingetreten war.
Der alte Mann wandte sich zu dem Bauern um und sagte: „Nun wähle. Was immer du dir wünschst, wird erfüllt werden!"

„Du musst mir noch ein wenig Zeit lassen!" sagte der Bauer.

„Ich muss mir die Sache noch etwas überlegen."
In diesem Augenblick aber ging das Tor hinter ihm zu und der alte Weise war verschwunden.

Der Bauer fand sich zu Hause wieder.

Der Mondhase saß wieder vor ihm und sprach:
„Armer Bauer, du bist wie die meisten Menschen. Sie wissen so wenig über sich selbst, dass sie nicht einmal wissen, was sie wirklich wollen, was sie sich wünschen.
Sie wünschen sich oft alles und bekommen nichts. Was immer sich einer wünscht, das schenken ihm die Götter - aber der Mensch muss wissen, was er will..."

Zwei Samenkörner

Eine amerikanische Geschichte

Es steckten einmal zwei Samen nebeneinander im Boden.

Der erste Samen sprach: „Ich will wachsen! Ich will meine Wurzeln tief in die Erde senden und ich will als kleines Pflänzchen die Erdkruste durchbrechen, um dann kräftig zu wachsen. Ich will meine Blätter entfalten und mit ihnen die Ankunft des Frühlings feiern. Ich will die Sonne spüren, mich von Wind hin- und herwehen lassen und den Morgentau auf mir spüren. Ich will wachsen!"

Und so wuchs der Samen zu einer kräftigen Pflanze.

Der zweite Samen sprach: „Ich fürchte mich. Wenn ich meine Wurzeln in den Boden sende, weiß ich nicht, was mich dort in der Tiefe erwartet. Ich befürchte, dass es mir wehtut oder dass mein Stamm Schaden nehmen könnte, wenn ich versuche, die Erdkruste zu durchbrechen. Ich weiß auch nicht, was dort oben über der Erde auf mich lauert. Es kann so viel geschehen, wenn ich wachse. Nein, ich bleibe lieber hier in Sicherheit und warte, bis es sicherer ist."

Und so verblieb der Samen in der Erde und wartete.

Eines Morgens kam eine Henne vorbei. Sie scharrte mit ihren scharfen Krallen nach etwas Essbaren im Boden.
Nach einer Weile fand sie den wartenden Samen im Boden und fraß ihn auf. [62]

Wir alle sind wie Samenkörner

Ich glaube jeder von uns war schon mal das eine oder andere Samenkorn.

Manchmal ängstlich und verharrend – auf das Altbekannte vertrauend.
Manchmal voller Tatendrang – mit dem Wunsch nach Neuem, dem Bestreben zu wachsen, dem Wunsch nach Veränderung.

Es gibt sogar noch ein drittes Samenkorn, wenn man so will…

Das Samenkorn, das weder Angst davor oder Lust dazu hat etwas zu verändern. Das einfach nur in der Erde steckt und das Leben genießt. Mal nichts tut.

Vorsicht jedoch – denn wir haben in der vorherigen Geschichte gelesen, wie es uns ergehen kann, wenn wir zu lange untätig in der Erde verharren…

Also lass uns lieber gemeinsam wieder an die „Arbeit" gehen und wachsen.

Wie ich weiter vorn im Buch bereits angemerkt habe, gehört zu einem leben in Balance und Harmonie, einem (sinn)erfülltem und glücklichen Leben dazu, dass wir unsere Werte kennen und auch in regelmäßigen Abständen überprüfen, ob sie noch stimmig sind oder nicht.

Das hilft uns nicht nur die Richtung in unserem Leben, unseren eigen Lebensweg zu finden und zu beschreiten. Es hilft uns auch, uns selbst besser kennen zu lernen.

Denn oft haben wir Probleme im Leben, weil wir uns selbst nicht wirklich kennen – und anerkennen.

Anerkennen mit all unseren kleinen Fehlern, Macken, Ecken und Kanten. Denn dadurch haben wir die Chance uns zu unserem Vorteil zu verändern.

Leser meines Buches „Mein Pfad des Erwachens" kennen dieses Thema bereits – und es hat nichts mit Anpassung zu tun…

„Ich verändere mich nicht, in dem ich versuche, etwas anderes zu sein, als ich bin - ich verändere mich, in dem ich anerkenne, was ich gerade bin!" Zen-Weisheit [63]

Und eine Möglichkeit mich zu erkennen und gegebenenfalls zu verändern ist ein Perspektivwechsel.

Sprich die Dinge um mich herum und auch mich selbst aus einem neuen Blickwinkel zu betrachten…

Zwei mangelhafte Backsteine

Eine Shaolin Geschichte

In einem alten Kloster erhielt ein Mönch von seinem Meister den Auftrag eine Mauer zu bauen.

Die 1.000 Steine, welche für die Errichtung der Mauer nötig waren, versuchte er mit größter Sorgfalt und Gewissenhaftigkeit aufeinanderzusetzen.

Nachdem er einige Tage gebraucht hatte um die Mauer zu errichten, war sie nun endlich fertig. Ein wenig stolz, es geschafft zu haben, und neugierig, wie es ihm wohl gelungen war, trat er zurück und begutachtete sein Werk.

Was er sah verschlug ihm fast den Atem – ein grauenvoller Anblick! Das konnte doch nicht wahr sein – wie hatte das passieren können?

Zwei Backsteine saßen schief in der Mauer!

Da der Meister auf einer Reise war und erst in ein paar Wochen zurückkehrte, wollte der Mönch die Mauer neu errichten, um seinen Fehler zu korrigieren.
Jedoch hatte er keine Steine mehr und auch kein Geld, um neue zu kaufen…

So musste er nun mit seinem Fehler leben.

Jeden Tag, wenn er an der Mauer vorbeiging, sprangen ihn die beiden Backsteine direkt ins Auge und er ärgerte sich maßlos.

Was würde bloß der Meister sagen, wenn er von seiner Reise wieder heimkehrte?

Als der Meister wieder im Kloster eintraf und sich die Mauer ansah, sagte er mit anerkennenden Blick: „Eine sehr schöne Mauer hast du da errichtet, mein Schüler!"

„Aber Meister", erwiderte der Schüler verwundert, „hat euch die lange Heimreise eure Augen müde gemacht? Fallen euch denn die beiden schiefen Backsteine nicht auf?"

Die folgenden Worte des Meisters sollten die Einstellung des Mönches zu seiner Mauer, sich selbst und vielen Aspekten des Lebens gegenüber gehörig verändern.

„Doch natürlich sehe ich die beiden schiefen Backsteine", erwidert sein Meister mild. „ich sehe aber auch 998 perfekt zusammengesetzte Backsteine."

Der Mönch war sehr gerührt.

Zum ersten Mal wenn er die Mauer betrachtete, sah er nicht nur die zwei mangelhaften Backsteine, sondern auch die anderen 998 perfekt eingesetzten Backsteine.

Bis dahin hatte sich der Mönch immer nur auf die zwei schiefen Steine, also auf seine Fehler, konzentriert und war für das Gesamtbild, für alles andere blind gewesen.

Wenn er sie jetzt betrachtete, gefiel ihm seine Mauer doch gar nicht so schlecht." [64]

Seine Fehler akzeptieren

Aus der vorherigen Geschichte haben wir gelernt, wie wichtig es ist, das Gesamtbild mit allen seinen Facetten zu (er)kennen – und anzuerkennen.

Das Prinzip gilt nicht nur beim Bau einer Mauer – es zieht sich durch unser gesamtes Leben.
Und deshalb ist es so wichtig, sich selbst zu kennen, sich seiner selbst bewusst zu sein.

> *„In der Welt der Wandlungen und Veränderungen gibt es keine Vollkommenheit.*
> *Alles ist im Werden, kein Mitmensch ist perfekt."* *(Udana)*[65]

Denn je mehr wir uns unser selbst bewusst sind – desto höher ist unser Selbstbewusstsein.

Wenn man genau darüber nachdenkt, eigentlich doch ganz logisch – oder?

Und genauso wie der Mönch in der Geschichte, können auch wir lernen, unsere Fehler zu akzeptieren.

Auch wenn uns das oft unmöglich erscheint – mit der richtigen Sicht auf die Dinge, ändert sich auch unsere Einstellung dazu.

Manchmal braucht man ein wenig Hilfe dazu.

Aber manchmal ist es auch enorm wichtig, dass wir uns aus eigener Kraft entwickeln.

Wie die folgende Geschichte zeigt...

Der verkrüppelte Schmetterling

Eine wissenschaftliche Geschichte

Ein Mann beobachtete, wie ein Schmetterling durch das schmale Loch seines Kokons zu schlüpfen versuchte und sich dabei abmühte.

Lange kämpfte der Schmetterling.

Schließlich bekam der Mann Mitleid, holte eine kleine Schere und öffnete damit ganz vorsichtig etwas den Kokon, sodass sich der Schmetterling leicht selber befreien konnte.

Aber was der Mann da sah, ließ ihn erschrecken.

Der Schmetterling war ein Krüppel. Er konnte nicht richtig fliegen, stürzte immer wieder ab. Auch auf seinen Beinen konnte er sich nicht halten.

Der Mann erzählte einem bekannten Biologen davon und wie er dem Schmetterling geholfen hatte. Der Biologe antwortete ihm:
„Das war ein großer Fehler, du hättest ihm nicht helfen dürfen. Du hast den Schmetterling zum Krüppel gemacht."

Der Mann wollte dies nicht glauben.

Der Biologe fuhr fort:
„Durch die schmale Öffnung im Kokon ist der Schmetterling gezwungen, sich durchzuzwängen.

Erst dadurch werden seine Flügel aus dem Körper gequetscht. Und deshalb kann er richtig fliegen, wenn er es aus seinem Kokon geschafft hat."

Der Mann wurde nachdenklich.

„Weil du ihm den Schmerz und die Anstrengung ersparen wolltest, hast du ihm zwar kurzfristig geholfen, aber für sein Leben nichts Gutes getan – im Gegenteil!" [66]

Schmerz ist notwendig

Wie die letzte Geschichte sehr schön zeigt, ist Schmerz manchmal notwendig, damit wir uns entfalten, entwickeln können.
Um der Mensch zu werden, der wir sein können und zu dem wir bestimmt sind.

Deshalb ist eine Krise, ein Notlage, ein unschönes Ereignis oder eine Herausforderung nötig – es ist die Entwicklungschance auf die wir gewartet haben und die wir nutzen können...

Natürlich kann das Ganze nur gelingen, wenn wir uns dazu bereit erklären – geistig und emotional.
Und wenn wir uns der Tatsache bewusst werden, dass alles im Fluss ist und alles mit allem zusammenhängt.
Deshalb gibt es sowas wie eine Trennung zwischen Gut und Böse, negativ und positiv, Krise und Glück eigentlich nicht – das Eine bedingt in gewissem Maße auch immer das Andere.

Das Prinzip des Ying und Yang widerspricht in seiner Tradition unserer westlichen Ansicht oder Einstellung, dass es so etwas wie Beständigkeit oder Ewigkeit gäbe.
In der buddhistischen Tradition ist das Leben eher ein Wechselspiel zwischen zwei Polen ist.
Zwischen Ruhe und Aktivität, Spannung und Entspannung.
Deshalb ist das erreichen um des behalten und bewahren wollens auch nicht erstrebenswert. Das würde ge-

gen die natürliche Ordnung, gegen den natürlichen Lauf der Dinge stehen. Im Leben ist alles im steten Wandel, in ständiger Veränderung. In Entwicklung und Erneuerung.

> *„Unser Leben ist eine ständige Abfolge von verschiedenen Zuständen und Gefühlen.*
> *Nichts ist bleibend, nichts unbeweglich"*
> **Milidapana**[67]

Und das ist auch der Grund, weshalb wir nicht immer alles auf den nächsten Tag, das nächste Wochenende, den nächsten Urlaub oder auf die Rente verschieben sollten. Denn wir wissen nicht, ob wir überhaupt einen dieser Termine noch erreichen oder wir vorher schon den Löffel reichen.

Deshalb tu was dir gefällt, am besten wann es dir gefällt und verschiebe dich nicht auf später, wie es so schön im Untertitel meines Buches „Memento Mori" heißt.

Denn später kann schnell zu spät sein...

> *Man stirbt, wie man lebte.*
> *Das Sterben gehört nicht zum Tod,*
> *sondern zum Leben!*
> **Ludwig Marcuse**[68]

Der Schal

Ein Mann öffnete eine Schublade der Kommode seiner Frau und holte daraus ein aufwändig gestaltetes Päckchen hervor.

Darin befand sich ein kostbarer seidener Schal. Er betrachtete die Seide und fuhr andächtig mit den Fingern über den Schal.

*„Den habe ich meiner Frau vor einigen Jahren gekauft, aber sie hat ihn nie getragen.
Sie wollte ihn für einen besonderen Anlass aufbewahren.
Ich glaube, jetzt ist der Moment gekommen."*

Er ging zum Bett und legte das Päckchen zu den anderen Sachen, die der Bestatter abholen würde.[69]

Später kann zu spät sein

Ja so schnell kann später zu spät sein…!

Deswegen sollten wir das Leben feiern, tun was uns Freude und Spaß macht.
Jetzt und nicht erst wenn wir meinen Zeit dafür zu haben.

„Der Gedanke, dass irgendwann alles vorbei sein wird, sollte eigentlich motivierend genug sein, um seinen Herzenswünschen nachzugehen.“ [70]
Esragül Schönast

Das sollte nicht nur genügend Motivation sein, seinen Herzenswünschen nachzugehen, sondern auch um sich sein Leben nicht selbst zu schwer zu machen, sondern alles ein wenig leichter zu nehmen.

Denn oft sind wir es selbst, die uns das Leben schwer machen…

Schlusswort

Tja und leider neigt sich nicht nur das Leben irgendwann dem Ende, sondern auch dieses Buch.

Ich hoffe es hat dir gefallen und du hattest beim Lesen
ebenso viel Spaß, wie ich beim Schreiben.

Wenn du magst, kannst du mir deine Meinung schreiben oder auch einen liebgemeinten Ratschlag, eine
Anregung oder einfach nur wie dir das Buch gefallen Ich
würde mich freuen - schreibe an:

yourlifeyourchoice@gmx.de

Vielleicht konnte ich dich ja ein wenig nachdenklich
stimmen und dich dazu anregen, dein Leben noch mehr
zu genießen. Die Dinge zu tun, die dir Spaß und dich
glücklich machen. Dich selbst an erster Stelle in deinem
Leben zu setzen – denn wenn es dir gut geht, kannst du
auch anderen helfen.

Also lebe dein Leben, wie es dir gefällt und höre auf
öfter dein Herz als auf andere Menschen...

Denn eines ist klar....

„Das Leben ist zu kurz für Knäckebrot...“
Sabine Asgodom

Eigene Notizen

Eigene Notizen

Danksagung

Zum Schluss möchte ich die Gelegenheit nutzen, dir zu danken, dass du dieses Buch gelesen hast.
Des Weiteren möchte ich meinen bisherigen Lesern danken, ohne sie und ihren Anregungen wäre dieses Buch nicht entstanden.
Ebenso meinen Dank an die vielen User und Mitglieder von Pixabay für die Bilder.

Ein großer Dank geht an meine geliebte Frau Andrea, die mir immer den Rücken frei hält und mich zum Schreiben animiert, auch wenn mir nicht danach ist. Ich liebe dich mein Engel

Und der größte Dank, geht an das Leben selbst, das mich jeden Tag auf´s neue wieder Wunder erleben und mich staunen lässt. Mich inspiriert und fasziniert.

Vielen Dank dafür!

Weiterführende Literatur

Ajahn Brahm – Die Kuh die weinte
Ajahn Brahm – Der Elefant, der das Glück vergaß
Arianna Huffington – Die Neuerfindung des Erfolgs
Dr. Thomas Späth & Shi Yan Bao – Shaolin – Das Geheimnis innerer Stärke
Brigitte Hellmann (Hrsg.) – Mit Sokrates im Liegestuhl – Ein Lesebuch für Nachdenkliche
Bernhard Moestl – Denken wie ein Shaolin – Die sieben Prinzipien emotionaler Selbstbestimmung
Britta Heidemann – Glück ist eine Frage der Haltung
Jörg Banisch – Mein Pfad des Erwachens
Jörg Banisch - Memento Mori – Lebe nicht zu spät
Veit Lindau – Heirate dich selbst
Eckart Tolle – Eine neue Erde
Bodo Schäfer – Die Gesetze der Gewinner
Immanuel Kant – Kritik der praktischen Vernunft
Steven R. Covey – Die sieben Wege der Effektivität
Jack Canfield & Mark Victor Hansen – Hühnersuppe für die Seele
Sabine Asgodom – Das Leben ist zu kurz für Knäckebrot
Ronald Schwepe & Aljoscha Long – Füttere den weißen Wolf

Über den Autor:

Jörg Banisch wurde 1973 in Oldenburg geboren. Seit seiner frühesten Jugend begeistert ihn die Philosophie des Kampfsports. Er ist ehemaliger Ausbilder bei der Bundeswehr und Autor.

Seine Themen reichen von Achtsamkeit, Stressmanagement und Gelassenheit über Selbstakzeptanz und Selbstkompetenz.
Jörg Banisch nimmt in seinen Büchern die Leser mit auf einen ganz besonderen, von vielen Menschen bereits vergessenen Weg...

Den Weg zu sich selbst.
Den Weg zu einem gelassenen, selbstbestimmten und glücklichem Leben.

Anhand von Übungen, Tipps, und Geschichten – auch aus seinem eigenen Leben – versucht er seine Leser zu inspirieren, aus der Fremdsteuerung herauszugehen und ihr Leben wieder selbst in die Hand zu nehmen.

Abbildungsnachweiß

Sämtliche Abbildungen, Zeichnungen und Bilder stammen von www.Pixabay.com

[1] Vgl. „Die Gesetze der Gewinner" von Bodo Schäfer. 22. Gesetz: Übernimm die volle Verantwortung

[2] https://tiefegedanken.insultsdaily.com/tiefe-gedanken/ein-redner-hielt-einst-einen-20-euro-schein-debeste-de-lustige-bilder-spruche-witze-und-videos/

[3] https://www.krankenhausberater.de/impuls/news/der-andere-blick-auf-leistung-der-sprung-in-der-schuessel/

[4] Fabel von Aesop, in vielen verschiedenen Varianten auf vielen verschiedenen Internetseiten und Büchern zu finden. Hier von mir frei nacherzählt.

[5] Quelle: www.flowfinder.de

[6] Aus „Die Kuh die weinte" von Ronald Schweppe und Aljoscha Long

[7] Aus „Eine neue Erde" von Eckhart Tolle

[8] Gefunden aufwww.gutezitate.com

[9] Gefunden auf www.askideas.com

[10] Gefunden auf https://www.jeannesurmont.com/deutsch/74-wandlungsgeschichten/der-mann-und-der-tiger/ Und etwas abgewandelt.

[11] Diese Geschichte gibt es auf vielen Internetseiten, in Büchern und auch auf Seminaren hört man sie schon – auch in ebenso vielen Varianten. Ich habe sie hier nacherzählt. Finden kannst du sie auch auf www.gluexx-factory.de oder dem Buch „Die sieben Wege der Effektivität" von Stephen R. Covey

[12] Verfasser unbekannt. Gefunden auf mymonk.de

[13] Weisheit aus Indien, angepasst und abgeändert. Idee dazu gefunden auf www.zitate.de

[14] Frei nach erzählt aus „Gesetze für Gewinner" von Bodo Schäfer. In ähnlicher Form auch zu finden auf https://www.nomaco-online.com/en/aktuelles-norbert-marschall-consulting/blog-norbert-marschall-consulting/175-eine-alte-indische-geschichte

[15] https://www.nomaco-online.com/en/aktuelles-norbert-marschall-consulting/blog-norbert-marschall-consulting/175-eine-alte-indische-geschichte

[16] https://www.srf.ch/sendungen/100-sekunden-wissen/reform. Im Allgemeinen wird dieser Konfuzius zugeschrieben. Allerdings werden sie auch Karl Marx oder Erich Kästner zugeschrieben.

[17] Diese Geschichte gibt es häufig im Internet, in vielen verschiedenen Varianten. Meine etwas abgewandelte Version kannst du finden auf https://www.hafawo.at/selbstmanagement-motivation/die-geschichte-vom-adler-der-glaubte-ein-huhn-zu-sein/

[18] Verfasser unbekannt. Gefunden auf https://meinpapasagt.de/wenn-dir-jemand-sagt-etwas-sei-nicht-moeglich-ist-es-eine-reflektion-seiner-grenzen-nicht-deiner/

[19] Diese Geschichte gibt es auf hunderten von Internetseiten, Büchern und auch auf Seminaren hört man sie schon – auch in ebenso vielen Varianten. Mit dieser Variante, frei von mir nacherzählt kommt eine weitere hinzu. Inspiriert durch einen Newsletter von klaus.medicus@quanten-intelligenz.com

[20] Inspiriert durch einen Newsletter von klaus.medicus@quanten-intelligenz.com

[21] Aus „Kritik der praktischen Vernunft" von Immanuel Kant, Kapitel 7, §7 Grundgesetzt der reinen praktischen Vernunft

[22] Gefunden auf https://de.wikipedia.org/wiki/Goldene_Regel

[23] Eine Nacherzählung einer angeblich wahren Begebenheit. Da Sokrates jedoch keine eigenen Schriften hinterlassen und seine Überlieferungen von anderen, hauptsächlich von seinen Schülern Platon und Xenophon, stammen, sind solche Geschichten und Aussagen immer mit Ungenauigkeit und Unsicherheit behaftet. Nichts desto trotz verstehen sie es, zum Nachdenken anzuregen. (Anm. d. Autors). Gefunden auf https://arbeitsblaetter-news.stangl-taller.at/die-drei-siebe-des-sokrates-wahrheit-gute-notwendigkeit

[24] Aus „Mein Pfad des Erwachens" von Jörg Banisch

[25] Vgl. www.lichtkreis.at

[26] Gefunden auf https://www.spruch-des-tages.org/sprueche/positives-denken-und-der-glaube-an-sich-selbst-sind-der-weg-zum-erfolg

[27] Die Geschichte findet man auf vielen Seiten und in vielen Büchern. Dies ist eine von mir nacherzählte Version. Siehe dazu „Die Gesetze der Gewinner" von Bodo Schäfer oder www.yogaakademie-austria.com oder ttps://menschenfreund-blog.de

[28] Gefunden auf Pinterest

[29] Gefunden auf www.wattpad.com

[30] Gefunden auf www.gedankenwelt.de

[31] Gefunden auf https://gedankenwelt.de/du-kannst-niemanden-ausser-dich-selbst-aendern/

[32] Aus „Heirate dich selbst – wie radikale Selbstliebe unser Leben revolutioniert" von Veit Lindau

[33] Gefunden auf Pinterest

[34] Gefunden auf www.gabrielschandl.com

[35] Das Geschenk nicht annehmen – eine kurze Zen-Geschichte, gefunden auf www.kleine-spirituelle-seite.de und ein wenig abgewandelt.

[36] Aus dem Film „Kung Fu Panda"

[37] Vgl. „Geschichten für die kleine Erleuchtung von Marco Aldinger

[38] Aus „Memento Mori – Lebe nicht zu spät" von Jörg Banisch

[39] http://lemberger.intern.es/indianerweisheiten.html

[40] https://www.aphorismen.de/zitat/80003

[41] Quelle: dpa; www.handelsblatt.de, Artikel Work Life Balance – entspannen wie die Chefs

[42] Verfasser nicht bekannt. Gefunden auf www.karrierebibel.de

[43] Nacherzählt und abgewandelt von der „Anekdote zur Senkung der Arbeitsmoral" von Heinrich Böll. Siehe auch https://www.brittakimpel.com/der-fischer-und-der-manager/ oder https://entspannungsreisen.de/wp-content/uploads/2009/10/Boell_Anekdote.pdf

[44] Gefunden auf www.lichtkreis.at / (Quelle: Dr. Philip E. Humbert, The Innovative Professional's Letter) frei nacherzählt und abgewandelt.

[45] Gefunden auf www.Lichtkreis.de und etwas abgewandelt

[46] Gefunden https://robert-betz.com/mediathek/inspirationen/mit-gott-zu-mittag-gegessen/und etwas abgewandelt

[47] Gefunden auf „Facebook/veggehen" und ein wenig abgeändert

[48] Gefunden auf https://barbara.irmler.at/ebusiness/ filesharing/ Downloads/Interessantes/Bewerberglueck.pdf und abgeändert

[49] Vgl. „Das innere Archiv" von Vera F. Birkenbiehl, Seite 15

[50] Gefunden auf https://www.zeitblueten.com/news/die-versteckte-weisheit/ und leicht abgeändert

[51] Gefunden auf www.spruechetante.de

[52] Quelle und Verfasser unbekannt

[53] http://www.biokon.de/bionik/produkte/

[54] http://www.biokon.de/bionik/produkte/

[55] Gefunden auf https://www.palverlag.de/lebensweisheit-china.html und etwas abgewandelt. Siehe auch https://www.zeitblueten.com/news/was-wir-vom-wasser-lernen-koennen/

[56] Vergleiche: Elke Nürnberger „Gelassenheit lernen"

[57] Gefunden auf www.lichtkreis.at und leicht abgewandelt

[58] Dieses afrikanische Märchen habe ich auf https://nur-positive-nachrichten.de/nur-positive-nachrichten/das-vergessen-der-dankbarkeit-eine-afrikanische-kurzgeschichte gefunden und leicht abgewandelt

[59] Aus „Die Kuh, die weinte" von Ajahn Brahm

[60] Aus „Memento Mori – Lebe nicht zu spät" von Jörg Banisch

[61] Gefunden auf www.lichtkreis.at

[62] Aus: Jack Canfield und Mark Victor Hansen / "Hühnersuppe für die Seele" – Gefunden auf https://abenteuer-selbstbewusstsein.com/zwei-samenkoerner/

[63] Gefunden auf Pinterest

[64] Aus „Shaolin – Das Geheimnis der inneren Stärke" von Dr. Thomas Späth und Shi Yan Bao

[65] https://alex-rubenbauer.de/zitate/296/in-der-welt-der-wandlungen-und-veraenderungen-gibt-es-keine-vollkommenheit-alles-ist-im-werden-kein-mitmensch-ist-perfekt udana/

[66] Gefunden auf https://abenteuer-selbstbewusstsein.com/der-verkrueppelte-schmetterling/

[67] https://alex-rubenbauer.de/zitate/297/unser-leben-ist-eine-staendige-abfolge-von-verschiedenen-zustaenden-und-gefuehlen-nichts-ist-bleibend-nichts-ist-unbeweglich-milidapana/

[68] Quelle: www.gutezitate.com

[69] https://www.vernuenftig-leben.de/leben-im-hier-und-jetzt/

[70] https://weisewortwhal.de/tod

MIX

Papier | Fördert
gute Waldnutzung

FSC® C083411

Zeitfracht Medien GmbH
Ferdinand-Jühlke-Straße 7
99095 Erfurt, Deutschland
produktsicherheit@kolibri360.de